绍兴文理学院出版基金资助

越地体育文化的传承与发展

刘小明　张亚军　著

海洋出版社

图书在版编目（CIP）数据

越地体育文化的传承与发展 / 刘小明，张亚军著 .
北京：海洋出版社，2024. 10. — ISBN 978-7-5210-1308-5
Ⅰ . G80-054

中国国家版本馆 CIP 数据核字第 20240HC653 号

责任编辑：刘　斌
责任印制：安　淼

海洋出版社　**出版发行**
http：//www.oceanpress.com.cn
北京市海淀区大慧寺路 8 号　邮编：100081
涿州市般润文化传播有限公司印刷　新华书店经销
2024 年 10 月第 1 版　2024 年 10 月第 1 次印刷
开本：787mm×1092mm　1/16　印张：10.75
字数：200 千字　定价：98.00 元
发行部：010-62100090　总编室 010-62100034

前 言

作为泱泱大国，中国有深厚、优秀的传统文化底蕴。在总结以往文化改革和发展的丰富实践经验的基础上，中共中央在2011年发布《中共中央关于深化文化体制改革 推动社会主义文化大发展大繁荣若干重大问题的决定》，其中指出：充分认识推进文化改革发展的重要性和紧迫性，文化是民族的血脉，是人民的精神家园。在我国5000多年的文明发展历程中，各族人民紧密团结、自强不息，共同创造出源远流长、博大精深的中华文化，为中华民族发展壮大提供了强大的精神力量，为人类文明进步作出了不可磨灭的重大贡献。经过多年的实践努力，在非物质文化遗产、文化产业方面都取得了丰硕成果。

2017年，中共中央办公厅、国务院办公厅为建设社会主义文化强国，增强国家文化软实力，实现中华民族伟大复兴的中国梦，进一步提出了《关于实施中华优秀传统文化传承发展工程的意见》，其中指出：中华优秀传统文化蕴含着丰富的道德理念和规范，如天下兴亡、匹夫有责的担当意识，精忠报国、振兴中华的爱国情怀，崇德向善、见贤思齐的社会风尚，孝悌忠信、礼义廉耻的荣辱观念。中国56个民族传承下来的优秀传统文化，是人们千百年来积淀下来的精髓，弥足珍贵，不仅是炎黄子孙的道德规范和传统美德，也是思想观念、风俗习惯、生活方式、人文精神、情感表达等形式的体现，弘扬和发展优秀传统文化是社会主义现代化建设的需要，是现代社会繁荣经济和文化发展的需要。

文化是一个国家、民族的灵魂，体育文化是传统文化的重要组成部分，对体育文化的研究不仅包括一切体育活动，以及在体育活动过程中与之相关的物质和精神产物，还包括在组织体育活动过程中的一些措施与制度。在地方体育文化的研究中，更为重要的是体育文化发生发展过程中与之相关的政治制度、自然环境、社会条件、区域特点、社会风俗、管理制度等。越地在体育发展上走出了一条符合地方特色的成功之路，为贯彻落实《国务院办公厅关于印发体育强国建设纲要的通知》(国办发〔2019〕40号)精神，2021年浙江省人民政府办公厅制定了《关于高水平建设现代化体育强省的实施意见》，省发展改革委、省体育局印发了《浙江省体育改革发展“十四五”规划》，在总结前期取得的成果和经验的同时，更加明确地提出了“十四五”的目标和任务。在国家大力弘扬优秀传统体育文化的前提和浙江省委省政府的大力支持下，全省体育文化发展呈现欣欣向荣的气象，《体坛报》和浙江省体育局官方网站、微信、微博的传播力持续提升，体育融媒体中心成立，《浙江通志·体育志》出版，都体现了越地体育文化发展的现代速度。《越地体育文化的传承与发展》也响应号召，在推动越地体育文化发展的进程中略尽绵薄之力。

目前，越地体育文化研究方面的著作有《浙江体育史》《浙江畲族传统体育文化传承与发展研究》《浙江通志·体育志》等。《越地体育文化的传承与发展》是对越地体育文化研究的锦上添花。全书共分为八章，第一章从寻求越地体育文化的起源开始论述，探讨了越人的来源问题，讨论了越地环境和战争对体育发展的影响。第二章主要讨论了越地水域体育项目，介绍了越地曾用于军事作战的游泳、操舟等，还有娱乐活动弄潮儿、水秋千和龙舟竞渡等的起源与发展。第三章单独对武术进行了梳理，越地在武术方面有特色鲜明的理论知识和实战经验，军事上曾经运用的刀术、剑术、射术、拳术及拳术理论等，在历史上都比较著名。第四章论述了越地的民俗休闲体育文化，介绍了越地民俗和休闲中的体育活动，对清明、端午、重阳、中秋等传统体育习俗进行了简单的梳理，对风筝、毽子等休闲体育活动进行了简单的介绍。第五章从竞技的角度，探讨了人们日常生活中的棋类项目，以及对抗类的摔跤、蹴鞠等活动，不同历史时期，竞技类体育活动的作用与意义也各有不同。第六章从养生的角度讨论了体育思想的传承与发展，并列举了越地的一些养生体育理论。第七章总结了越地体育非物质文化遗产的现状，提出了越地体育非物质文化遗产的保护形式、措施以及体育非物质文化遗产发展所面临的一些问题等。第八章梳理了越地体育文化的传承脉络，提出越地体育文化共性和时代性两大方面的特征。通过分析与讨论，提出越地体育文化具有时间与空间的交叉融合、基础与特色结合、改革与创新并举、竞技体育与全民健身并驾齐驱、联合培育、数字化等六种发展模式。

本书作为地方体育文化研究的成果，历经 3 年时间完稿，查阅了大量的资料，借鉴了同行学者许多研究成果，对越地体育文化按照历史发展的脉络进行了简单的梳理，在此基础上对越地体育文化的传承与发展提出了个人观点与想法，与优秀的学者相比，需要学习的地方还有很多，存在的不足之处和问题需进一步研究和探讨。由于水平有限，书中难免存在疏漏，敬请各位专家同仁批评指正，也欢迎广大读者交流与讨论。

目　录

第一章　越地体育文化的起源

越地有关体育的最早记载应该是《弹歌》,《弹歌》来自《吴越春秋》，据记载，春秋时期越国的国君勾践向楚国的射箭能手陈音询问弓弹的道理，陈音在回答时引用了这首《弹歌》。《吴越春秋》为东汉赵晔所著，成书较晚，但从《弹歌》的语言和内容加以推测，这首短歌很可能是从原始社会口头流传下来后经人写定的。《弹歌》内容："断竹，续竹，飞土，逐宍（即古肉字）。"这首诗歌只有 8 个字，属于原始猎歌的一种，其大意是：切断竹子，再用绳索连接竹子做成弹弓，装上泥丸和箭头，猎取飞跑着的鸟兽或游鱼。"断、续、飞、逐"是 4 个迅速而有连贯性的动作，它们构成了一组完整而紧张生动、形象鲜明的狩猎画面。《弹歌》真实而生动地再现了于越先民在洪荒年代生息劳动、从大自然获取生存物资的情景，是原始体育的一种表现形式，是越人体育活动的生动记载。《越人拥楫歌》（简称《越人歌》）著录于汉代，在刘向的《说苑》卷十一《善说》中记载：君独不闻夫鄂君子晳之泛舟于新波之中也？乘青翰之舟……会钟鼓之音，毕榜枻越人拥楫而歌，歌辞曰："滥兮抃草滥，予，昌枑泽予昌州，州，𩜱（原字为左食右甚）州焉乎秦胥胥，缦予乎昭澶秦踰，渗惿随河湖。"鄂君子晳曰："吾不知越歌，子试为我楚说之。"于是乃召越译，乃楚说之曰："今兮何夕，搴中洲流（一作搴舟中流），今日何日兮，得与王子同舟。蒙羞被好兮，不訾诟耻，心几顽而不绝兮，知得王子。山有木兮木有枝，心说（悦）君兮君不知。"越人习水操舟，楚国的鄂君夜游新湖，就聘用越人为其执楫。越人也因能与王子同舟而高兴地唱起船歌。

这些原始诗歌反映了人们的生活，正是这样的生活体现着原始体育与生活是息息相关的，这种应用在生活中的体育也可以说成生活体育。越人擅楫，因此在战斗的时候他们的水上战斗力很强，而在和平年代，和船有关的活动又成为人们喜爱的娱乐活动之一。因此，有些体育来自生产劳动，它们的作用和意义因受当时社会的政治、经济和文化的影响而被人们赋予了不同的含义。

越地地处中国东南沿海长江三角洲南翼，总体来说是一个山水之地，其中山地丘陵占越地总面积的70%，而雁荡山、天目山、天台山和四明山等几大山系贯穿了整个越地。越地除了山多外，水也多，其中容积在100万立方米以上的湖泊就有30余个，还有自北向南的苕溪、京杭运河（浙江段）、钱塘江、甬江、灵江、瓯江、飞云江和鳌江等八大水系，正所谓“七山二水一分田”。越地的山水资源丰盛，人文底蕴深厚，既有河姆渡文化、马家浜文化、良渚文化和跨湖桥遗址，还诞生了孟郊、陆游、鲁迅、茅盾、艾青、郁达夫等文学家以及蔡元培、竺可桢、钱三强、钱学森等杰出人才。这里不仅有重要地貌景观800多处、水域景观200多处、生物景观100多处、人文景观100多处，还有杭州、宁波、绍兴、衢州、金华、临海、嘉兴、湖州、温州等9座国家历史文化名城。总体来说，越地历史文化积淀深厚，人文环境优美，山清水秀，人杰地灵。

一、越地的自然环境和社会环境

关于越地的具体界定，学术界一直有争议，在越文化研究系列丛书中，把越地界定为：以今绍兴为中心的宁绍平原地区，近现代则更多地指宁绍平原的绍兴地级行政区，包括越城区、绍兴市、上虞区、诸暨市、嵊州市和新昌等地，核心区域为越城区和绍兴市。越文化的边界基本属于古越国的地区，不同历史时期属于不同的诸侯国，但在学术上，越文化的基本区域确定在浙江省，本书也把越地设定在浙江省。

越地的自然环境比较恶劣，古越人生活的地区要么是深山老林，要么是沼泽遍地、温热潮湿，农业生产水平较低，人们最早主要以渔猎和刀耕火种来维持生活。随着农业生产工具的发明，生产力水平得到提高，人们开始进行动物饲养和农耕活动，温饱问题得到解决。随着国家的建立，战争的爆发，到了春秋战国时期，越地也受到了战乱的困扰，战争促进了军事与造船业的发展，但农业生产力水平相对发展缓慢，经济、文化、人文思想受到战争冲击，断发文身、轻生易死的习俗仍很盛行。秦始皇统一全国后命令越人外迁，中原人内迁，而内迁人员大多数为遭到贬职的官员和“贾人”（指商人）。秦朝时期的等级制度是工农士商，工是指工匠，农是指农民，士是指读书人，商是指商人。当时朝廷非常看重工匠和农民，而商人处于最低等的地位，从商是被看不起的，所以在南迁的人员中商人主要是被打击的对象，这也是注重农业的体现。这次南北人员的大调动，大大促进了越地经济、文化的交流与发展，中原人带来了先进的农业生产技术、礼仪和教育文化，两者的风俗习惯在日常生活中逐渐融合，越地断发文身的习俗受到了影响，轻生易死的思想也受到了一定的冲击。

隋唐时期开通的大运河有巨大的历史作用与意义，大运河连接了海河、黄河、淮河、长江、钱塘江五大水系，它以洛阳为中心，北抵涿郡（今北京），南至余杭（今杭州），自北向南分别为永济渠、同济渠、邗沟、江南河四段。大运河成为古代中国最重要的水路运输通道，是中国古代南北交通的大动脉，不仅促进了民族融合，加强了南北文化的交流，加快了经济发展，也繁荣了两岸的众多城市。越地的丝织业、陶瓷业和航运业得到大力发展，杭州作为大运河的终点，其聚集了大量的奇珍异宝，成为重要物资与人员的集散地。越地的陶瓷、丝织品、盐等商品通过大运河流向北方，使经济得到了迅速的发展。同时，通过陆上丝绸之路和海上丝绸之路，越地的对外贸易交流也得到了发展，其与亚洲其他国家都有商贸往来，越窑青瓷在各国很受欢迎。

宋室南迁使越地的经济和文化得到进一步发展。以临安城为例，在《武林旧事·卷六》中就记载了：诸市，包括菜市、米市、布市、药市、鱼市、肉市等。通过一个侧面可以看出当时临安城的经济繁荣，社会各行各业都发展迅速。

中华人民共和国成立后，随着改革开放的春风，浙江省人民进行了一场敢为人先、百折不挠的历史长跑，国民经济由艰难恢复到波浪式高速增长，实现了追赶式、跨越式的发展，走出一条适合越地发展的道路。从 1949 年城镇、农村居民人均可支配收入的 116 元和 47 元，到 2023 年城镇、农村居民人均可支配收入的 74779 元和 40311 元，浙江省已经走在全国前列，成为经济大省之一。“十四五”期间，浙江省不断从文化大省向文化强省迈进，深入实施体育强省战略，全面打造10分钟健身圈，为进一步推进越地的“山水生态体育文化”打下了良好的基础。

二、越人的来源

越，在中国历史上既是国名，也是族名。作为国名的越，是由百越民族中历史最悠久、文化最发达的于越族建立的，而关于于越族的繁衍源流问题，有着诸多说法。

关于越族的起源问题，已有很多的专家有所研究，如“越为禹后说”，这种说法在历史中多有记载。在《史记·越世家》中记载：“越王勾践，其先禹之苗裔，而夏后帝少康之庶子也。封于会稽，以奉守禹之祀。”在《越绝书·记地传》中记载：“昔者，越之先君无余，乃禹之世，别封于越，以守禹冢。”“无余初封大越，都秦余望南，千有余岁而至勾践。”在《吴越春秋·越王无余外传》中也有记载：“禹以下六世，而得帝少康，少康恐禹祭之绝祀，乃封其庶子于越，号曰无余。”《勾践伐吴外传》中记载：“二十七年冬，勾践寝疾将卒，谓太子兴夷曰：‘吾自禹之后，承元（允）常之德，蒙天灵之佑、神祇之福，从穷越之地籍，楚之前锋，以摧吴王之干戈。跨江涉淮，从晋齐之地，功德巍巍。’”以上文献记载中阐述的是，越族是大禹的后代，而司马迁在《东越列传》中说：“闽越王无诸及越东海王摇者，其先皆越王勾践之后也。”而对于这个观点有学者持否定的态度。具有代表性的有：蒋炳钊先生的《越为禹后说质疑——兼论越族的来源》一文，从考古文化和文献记载方面论证了夏文化和越文化是两种不同的文化。夏民族和越族是分布在我国不同的地域，有不同的经济生活、不同的语言以及表现不同的文化特征所形成的不同民族。陈桥驿先生在《“越为禹后说”溯源》一文认为：“越为禹后的传说，实际上是犷越强大以后，从于越内部传播出来的。这个传说的编造者，或许就是越王勾践自己。为什么不说尧后、舜后、商后、周后，而却说禹后，这显然是利用了前已指出的禹巡狩会稽和死葬会稽的故事。为了军事上、外交上和内政上的需要，这种传说的有意识散布，可能是从迁都琅琊以后开始。”对于这种说法，陈桥驿先生进行了较为深入的探讨与分析。那么，既然否定了“越为禹后说”，就有了关于“于越”来源的其他种说法。如“三苗后裔说”和“土著说”，在蒋炳钊先生的《越为禹后说质疑——兼论越族的来源》一文中，论述了于越和三苗的关系；在孟文镛先生的《越国史稿》一书中，证明于越并不起源于三苗，于越与三苗没有直接的关系。当然，在于越民族中有三苗后裔的成分，这是有很大可能性的。辛土成、严晓辉在《于越族源探索》一文中认为“于越既不是夏人后裔，亦非与楚同源，与三苗也无直接关系，而是地道的江南水乡土著民族，强调这一点，并不排斥于越在自身的发展进程中与中原地区或其他地区的原始文化有过联系和接触，尤其是在中原进入青铜时代建立国家政权以后，这种相互的影响和联系更是分外显著”。无论哪种说法，于越族在南方一带活跃是有迹可循的，他们提高了当地的生产力水平和技术，形成了自身的文化习俗，产生了自己的语言，随着生产力的发展，他们与周围民族不断交融，其语言和风俗习惯等都在这个融合的过程中逐渐消失了。但是无论如何，于越族的各种文化在今天的东南地区仍然有一定的影响力。

三、战争推动体育的发展

春秋战国时期，列国之间的兼并战争极为频繁。据《春秋》记载，仅在242年的时间中，诸侯国之间的军事行动就有483次，几乎一年内即发生两次战争。及至战国，列国之间的战争更加激烈了，战争的规模也越来越大，一次战斗双方动辄用兵几十万甚至上百万。规模巨大又频繁的战争，使兵源的征发范围愈发广泛，在一些国家里甚至全民皆兵。当时的各国统治者都大力提倡加强兵民体质锻炼，提高战斗技能，增强国家实力。而在古代相当长的一个时期，人口的多寡在很大程度上反映了一国的经济水平、军事潜力甚至是整体实力。诸侯纷争谁都想坐上霸主之位，这就相继出现了长达百年的晋楚争霸，后来又是楚吴争霸，以及春秋末期的吴越争霸。

在越地发生的战争主要就是吴国和越国的战争，吴国和越国本来都是楚国的附属国，都位于长江以南的东南地区，这两个国家人们的经济活动、生活习俗、语言文化等都是相通的，初期基本上相安无事。吴越战争是从阖闾成为吴王后开始的，吴王阖闾派专诸刺杀了吴王僚后，自己登基为吴王，他任用伍子胥为行人，参与军政大事的谋划。阖闾在未登基前就对伍子胥十分欣赏，伍子胥足智多谋，且兢兢业业，在阖闾的支持下进行了一系列改革，使吴国在短时间内兵强马壮、粮草充裕，阖闾又任命著名军事家孙武为将军，后又任命伯嚭为大夫。阖闾在伍子胥、孙武和伯嚭等人的辅佐下，使吴国在政治、军事和民生上都得到很大的改善和提高，使吴国的国力大大增强。由于伍子胥与楚国有杀父之仇，在他的谋划下，吴楚两国延续了争霸的态势，从吴王阖闾开始，吴楚之间的战争变成了积极的大规模战争，吴国取得了较大的战略优势。在吴楚争霸过程中，越国也在悄悄地兴起，国力日渐强盛。越王允常也是一位具有雄心壮志的国君，发展壮大后的越国直接成为吴国争霸大业的隐患，因此，吴越之间的矛盾到了无法调和的地步。

吴国与越国的战争愈演愈烈的主要原因有三点：首先，是当时的政治环境，春秋时期东周的衰弱，导致各个诸侯国为了扩张土地，占有别国的人民，进行了频繁的兼并战争，轮番争夺所谓的霸主之位。吴、越两国兴起之时，正处于晋、楚两国争霸时期，两国经过多次大规模的战争，为了掣肘对方，两国都采取了联合别的诸侯国来牵制对方的策略。晋国联吴制楚，楚国联越制吴，在当时的政治环境下，诸侯国国君都会选择对自己国家有利的盟军。由于各自选择的盟军不同，那么吴、越两国的对立就不可避免，互相攻击也是情势使然。其次，吴、越两国因地理位置，也是不能并存的，正所谓“一山不容二虎”，当越国崛起时，吴国为了争夺霸业，会先考虑解决后顾之忧。在越王勾践战败于会稽山时，吴国夫差答应勾践入吴三年。此时伍子胥说：“不可。夫王与越也，接地邻境，道径通达，仇雠敌战之邦，三江环之，其民无所移，非吴有越，越必有吴。”（《越绝书·请籴内传》）在《越绝书·纪策考》中记载：“子胥曰：‘越在南，火；吴在北；水。’”他认为吴越两国就是水和火一样，是水火不容的存在。在《越绝书·外传记范伯》记载：“蠡曰：‘吴越二邦，同气共俗，地户之位，非吴则越。’”这里范蠡和伍子胥的看法一样，吴、越两国就是非此即彼的存在，所以说，两国的战争是在所难免的。最后，吴、越两国本就有着仇恨。《吴越春秋·勾践伐吴外传》中记载：“子报父仇，臣复君隙，岂敢有不尽力者乎？臣请复战，以除君王之宿仇。”夫差为报父仇，大败勾践于夫椒，勾践为雪会稽山之耻而卧薪尝胆。这种有着强烈仇恨的情绪成为引发战争的导火线，使吴、越两国的战争数十年不断。

无论是古代还是现代，打仗就需要粮食，有了充足的粮食后，还要有足够的兵将。例如，在吴越争霸中，越王勾践听取大夫范蠡的建议，大兴农田水利，鼓励生育政策。在鼓励生育方面有两条政策：一是规定婚配年龄，增加孕育机会。据《吴越春秋》卷十《勾践伐吴外传》：“令壮者无娶老妻，老者无娶壮妇。女子十七未嫁，其父母有罪；丈夫二十不娶，其父母有罪。”二是保护孕妇婴儿，奖励生育：“将免者以告于孤，令医守之。生男二，贶之以壶酒、一犬，生二女，赐以壶酒、一豚。生子三人，孤以乳母；生子二人，孤与一养。”这些措施的实施使越国人口迅速增加，为其灭吴、称霸中原战略目标的实施提供了充足的兵源保障。

越国为灭吴雪耻、称霸中原，军事上的强大是至关重要的。勾践听从了文种的建议，在修建勾践小城和山阴大城后，又在钱塘江南岸修建了固陵等军事堡垒。据《越绝书·吴内传》记载，勾践欲伐吴时，“于是乃使之维甲。维甲者，治甲系断。修内矛赤鸡稽繇者也，越人谓‘人铩’也。方舟航买仪尘者，越人往如江也。治须虑者，越人谓船为‘须虑’。亟怒纷纷者，怒貌也，怒至。士击高文者，跃勇士也。习之于夷。夷，海也。宿之于莱。莱，野也。致之于单。单者，堵也。”也就是说，勾践在准备攻打吴国时，使人缀合坚甲，修理长矛，制造一种叫“铩”的锋利兵器，而且还制造了大量的战车和战船等大型战争武器，设计制造出戈船、楼船等特殊战船。在训练士兵时，要求他们奋勇跳跃，向高处袭击，又使他们熟悉海上的风浪，露宿在野外，守卫在城墙上等，通过这样的训练，大大增加了越国士兵的军事战斗力。

在战争频繁的春秋战国时期，由于统治者的导向作用，使体育在军事训练中得到了很大的发展，以军事体育形式出现的体育活动发挥了两个方面的作用：一是提高了军队的作战能力，为提高整个国家的综合实力发挥了不可替代的作用。二是促进了民间体育的发展，由于扩大兵源使更多人参与军事训练中，甚至是全民皆兵，使军事体育普及到贫民中，在提高士兵军事作战能力的同时，也提高了全民的身体素质。在几千年的历史发展过程中，战争对体育的发展仍有一定的作用，即使有些体育项目成为娱乐项目，但在军事训练中，利用体育来锻炼身体素质一直存在，现代军队中也常结合体育项目增强士兵体能。无论是在战争年代还是和平年代，体育在军事训练中仍然有一定地位。

第二章　越地水域体育文化

越地处于我国的东南，其水域丰富且交错复杂，素来被称为“渔民之乡”。在古代人们的生产、生活实践中，已经出现了类似体育的活动和内容了，除了在军事作战中出现了很多和体育相关的水上活动外，还有很多与水相关的休闲娱乐体育活动。

第一节　越地水域军事体育

在水域发达的江南，军事作战必不可少的就是水战，水战涉及在水上行驶的船，船上士兵的作战技术也是决定水战胜利与否的关键。作为水战的士兵，除了作战技术外，游泳技能也是必不可少的。

一、游泳

游泳是人类在与大自然斗争过程中掌握的一种生活技能，也是一个强身健体的体育项目。在渔猎时代，人们通过实践和摸索，基本掌握了游泳技能。早在几千年前的《诗经》中就有描写游泳的诗句：“就其深矣，方之舟之；就其浅矣，泳之游之。”而到了春秋战国时期，游泳活动已经很普及了，而且在古籍中也有诸多记载。如《庄子·外篇·达生》中有个孔子的故事：“孔子观于吕梁，悬水三十仞，流沫四十里，鼋鼍鱼鳖之所不能游也。见一丈夫游之，以为有苦而欲死也，使弟子并流而拯之。"[①]孔子以为他有什么困苦想要寻死，所以让弟子并流而救之，但此人却在数百步外露出水面。他不是想要投水自溺，而是在激流中游泳。他说：由于生在水乡，长在水乡，经常游泳，深知水性，遇到漩涡时，"与齐俱入，与汩偕出"，只要顺势游入，再顺势游出，就可以脱离漩涡。他总结的经验："从水之道而不为私焉。此吾所以蹈之也。"要因水势而利导，不要与人们的水势相反，这是他能在水中自由游泳的关键。[②]游泳在吴越之地的民间很普及，而且人们的水平比较高。《淮南子·修务训》中记载，吴人入郢，申包胥奔秦求救，一路上"赴深溪，游川水"。《礼记·王制·疏》称，"越俗断发文身，以辟蛟龙之害"。[③]越地本就水域丰富，人们的生活习俗就是"以舟为车，以楫为马"，他们经常与水打交道，熟习水性，不仅能充分地利用水资源，而且在军事上还能发挥一定的作用，所以，越地人们的游泳以及水上作战能力很强。在南朝梁陈时有一位名将周文育（浙江新安寿昌人），他的游泳和武术技艺都十分高超，周文育"年十一，能反覆游水中数里，跳高五六尺，与群儿聚戏，众莫能及"，充分展示了其高超的游泳和跳跃技能。后来，周文育成为一名军中大将。梁绍泰二年（556），周文育在长江芜湖水段与徐嗣征的一次水战中，凭借游泳和跳跃技能，单人跃入徐嗣征的舰内杀死对手，最后取得了胜利。[④]其充分利用了游泳在水战中的积极作用。

20 世纪 20 年代，西式游泳逐渐进入浙江，并先后在城市中的一些教会学校中开展起来。1930 年，在杭州举行的全国第四届运动会上设有游泳竞赛项目，并在 1931 年省运会的比赛项目中也设有游泳项目，而后游泳就成为省运会的固定比赛项目。为了进一步推动民众体育项目的发展，浙江省负责组织民间体育活动的各级民众教育馆相继成立，并组织开展了一系列的活动，1934 年和 1936 年都举行了横渡钱塘江的游泳比赛，在 1936 年的比赛当日，观看比赛的观众超万人，场面非常激烈。游泳在 1924 年第三届全国运动会上成为表演项目，在第四届全国运动会

① 刘秉果，1987. 中国古代体育史话［M］. 北京：文物出版社，113.

② 杨向东，2000. 中国古代体育文化史［M］. 天津：天津人民出版社，140.

③ 杨向东，2000. 中国古代体育文化史［M］. 天津：天津人民出版社，139.

④ 曹守和，2014. 浙江体育史［M］. 杭州：杭州出版社，38.

上成为正式比赛项目。1953 年，为了满足杭州人民游泳的需要，省体委在六和塔下筹建了钱塘江天然游泳场，并于 1954 年在玉泉游泳池举行了第一次全省游泳比赛。现在每年都会举办浙江省游泳锦标赛、大学生游泳锦标赛、青少年游泳锦标赛等，而且市级的各类游泳比赛也很多。由于浙江省的江河湖泊较多，到了 20 世纪 60 年代，游泳活动就更有特色了，很多地方开辟了自然游泳场，鼓励群众下水游泳。毛泽东酷爱游泳，尤其是喜欢到大江大海里去游，据史料记载，他曾经四次畅游过钱塘江，是当时游泳健身的楷模。

1959 年浙江省成立游泳集训队并参加了第一届全国运动会，取得了优异成绩；1960 年浙江省游泳队正式成立。现在游泳几乎已经成为人们必备的一种生活技能和健身方式，深受民众欢迎。在某些省市的中考中，游泳也成为一项体考选项。浙江人对游泳情有独钟，并有得天独厚的地理优势。杭州市一批老人响应"到大风大浪里去锻炼"的倡导，自 1966 年起自发组织了冬泳队，并约定每年大年初二在西湖进行冬泳表演，受到很多人的关注，越来越多的冬泳爱好者组织在各地相继成立。1976 年 7 月 19 日，《体育报》报道了浙江的"乘风破浪，奋勇前进"游泳活动："从运河到瓯江，从浙西山区到舟山群岛，百万工农兵举行盛大游泳纪念活动。""杭州举行了历史上规模最大的横渡钱塘江活动，200 多个工农兵代表团，15 000 余人下水。""革命圣地嘉兴南湖水面上更加活跃，人群振奋，欢欣畅游。""绍兴地区有 1 万人下水，其中黄甫公社的 2000 余名妇女不做祥林嫂，争当巾帼英雄。"[①] 可见当时参与游泳的人们的积极程度之高。

游泳在 1896 年第一届雅典奥运会上就被列入比赛项目，我国的游泳健将在世界游泳比赛中也屡获佳绩。在我国，浙江省运动员的游泳成绩位居前列，这与当地的生活环境有密切的关系。浙江省培养了众多优秀的游泳运动员，如罗雪娟、杨雨、柳雅欣、孙杨、叶诗文、徐嘉余、傅园慧、汪顺、李朱濠、余依婷、何峻毅等，他们都是分别在全国赛、世锦赛、亚运会、奥运会等比赛中获得过冠军的优秀选手，为国家赢得了众多殊荣，而郑枭镜、朱梦惠、吴越、吴卿风这些小将也在前辈的影响下，在各种游泳赛事上崭露头角。

---

① 曹守和，2014. 浙江体育史［M］. 杭州：杭州出版社，202.

二、操舟

春秋战国时期剧烈的兼并战争和发达的水上运动，使江海百川都成为拼夺厮杀的战场，为了掌握水上战争的主动权，各国都大力训练和扩编水军，特别是地处长江流域的楚、吴、越等国家，所拥有的水军人数几乎与陆军人数相当，水上攻战异常频繁剧烈。其作战方式主要是近身肉搏战、相互撞击战与凿沉敌船战。而船上的战士相当于今天的海军陆战队队员，不仅要具有格斗厮杀技能，而且必须掌握游泳本领，因而其平日训练强度大，素质要求高。船上的击棹手在无帆、无舵的情况下要操纵战船进退自如，所以一般均由身强力壮、精通操舟驾船技能者担任，由此可见，作为击棹手不仅要技能高超，而且素质要全面。

据《越绝书》记载："阖闾见子胥，敢问船运之备何如？对曰：'船名大翼、小翼、突冒、楼船、桥船。今船军之教，比陵军之法，乃可用之。大翼者，当陵军之车。小翼者，当陵军之轻车。突冒者，当陵军之冲车。楼船者，当陵军之行楼车。桥船者，当陵军之轻足剽定骑也'。""船军之教，比陵军之法"，就是指训练水军士卒，要根据不同类型的船只要求，像训练车兵、步兵和骑兵一样，须分别采用不同的方法进行训练。可见，当时在吴越二国已出现了专门训练击棹操舟的军事项目和方法了，而且还出现了各种类型的战船。"船军之教，比陵军之法"与当时民间兴起的龙舟竞渡相互影响、促进，不仅大大提高了操纵战船的技术，也推动了水上体育活动的发展。

明朝水军的操舟技艺也很精湛。据《陶庵梦忆·卷七·定海水操》记载："水操用大战船、唬船、蒙冲、斗舰数千余艘，杂以鱼艓轻艖，来往如织。舳舻相隔，呼吸难通，以表语目，以鼓语耳，截击要遮，尺寸不爽。健儿瞭望，猿蹲桅斗，哨见敌船，从斗上掷身腾空溺水，破浪冲涛，顷刻到岸，走报中军，又趵跃入水，轻如鱼凫。水操尤奇在夜战，旌旗干橹皆挂一小镫，青布幕之，画角一声，万蜡齐举，火光映射，影又倍之。招宝山凭槛俯视，如烹斗煮星，釜汤正沸。火炮轰裂，如风雨晦冥中电光翕焱，使人不敢正视；又如雷斧断崖石，下坠不测之渊，观者褫魄。"较为详尽地记载了水操战船的种类以及大型水军作战的规模。

三、没水

没水即今之潜水。这种活动在吴越地区最为常见。《列子·说符》中记载："白公问曰：'若以石投水，何如？'孔子曰：'吴之善没者能取之'。"[①②]通过他们的对话，可以反映当时吴越地区人们的潜水水平较高，在没有其他辅助设备的情况下，能够在水里取物。吴越地区人们的潜水技能在历史上始终蜚声遐迩。杜甫有诗云："刺船思郢客，解水乞吴儿。"《全唐诗》卷一亦云："吴越之士，号为水仙。"可见吴越一带的人们潜水非常普遍。潜水不仅是一种生活技能，而且在军事作战中也能发挥一定作用。春秋战国时期的水军装备还很简陋，水战方式也比较原始，因而对水军士卒的体质和战斗技能要求较高。当时的水军主要由三类战斗人员组成，一是手持戈矛等长兵器的战士，二是操纵战船行进的击棹手，三是潜伏水底、伺机凿沉敌船的奇兵。在水战过程中潜伏水底、伺机凿沉敌船的那部分水军，则是技艺高强、神出鬼没的潜水高手。据史书记载，吴越两国军民的潜水活动非常普遍，此道高手层出不穷。在南宋抗金战争中，南宋水军也常以"潜水"的高超技能置金兵于死地。

现代的潜水不仅是健身的一种方式，也是现代海洋渔业和海洋勘探必不可少的技术，随着现代科技的发展进步，潜水技术也得到大幅度的提升。如今靠个人的憋气和简单的潜水设备已经无法满足现代社会发展生产的需要，于是有了可以供人们下深海考察、潜水娱乐体验等活动的高科技潜水设备，如脚蹼、呼吸管、浮力调整背心、三联表、专用潜水服、呼吸调节器等。同时，潜水还分为多种形式，如水肺岸潜、水肺船潜、徒手潜水、夜潜等。潜水作为一种能够锻炼身体、休闲娱乐的水下活动，深受现代人的欢迎。潜水对健身者来说有很大的好处，潜水者在水下运动量较大，通过模仿鱼类的游姿，尽量伸展身体的每一部分，具有极佳的锻炼效果。不过，并不是每个人都适合潜水，有一些基础性疾病的人就不适合潜水，如有心脏病、高血压、中耳炎、皮肤病等的人，而且也不是每个人都

---

① 刘秉果，1987. 中国古代体育史话［M］. 北京：文物出版社，113.

② 杨向东，2000. 中国古代体育文化史［M］. 天津：天津人民出版社，140.

有勇气去潜水。对游泳教练员、救生员来讲，潜水是必备的技能之一，只有掌握了潜水技术，才可以参与或从事相关技术的教学和工作。

第二节　越地水域休闲体育

越地东临东海，境内有八大水系，交错纵横的水域为人们提供了大量水上娱乐的机会。俗话说“靠山吃山，靠水吃水”，越地人不仅把越地山水开发成促进经济发展的抓手，同时也充分利用水资源进行各种休闲娱乐活动，不仅参与者可以亲身体验到各种刺激、乐趣的项目，观看者也能看到气势宏伟的表演场面。

一、弄潮儿

钱塘江弄潮在唐代便已出现。唐代诗人李益写了一首著名的五言诗《江南曲》：“嫁得瞿塘贾，朝朝误妾期，早知潮有信，嫁与弄潮儿。”意思是一个寂寞的商人弃妇，愿意嫁给在江海大潮中游泳的好手，这说明在唐代不仅已经有了弄潮活动，而且人们对弄潮的游泳好手怀有敬佩之情。唐朝白居易在《潮》中写道：“早潮才落晚潮来，一月周流六十回。不独光阴朝复暮，杭州老去被潮催。”刘禹锡的《浪淘沙》中写道：“八月涛声吼地来，头高数丈触山回。”罗隐在《钱塘江潮》写道：“怒声汹汹势悠悠，罗刹江边地欲浮。”那时的杭州还不是大城市，弄潮的规模也不大。

宋代商业、手工业发展迅速，城市人口增加，为了满足市民的娱乐需要，城市瓦子中有各种艺人表演，其中便有游泳艺人，当时称之为“弄水”，也叫“弄潮”。伴随着弄潮儿的表演，钱塘江的观潮在南宋也甚是壮观，参加游泳的健儿和观潮者不止万人，《梦粱录·卷四·观潮》记载观潮者“倾城而出，车马纷纷”。“江干上下十余里间，……虽席地不容间也。”《武林旧事·卷六·诸色伎艺人》中记载了南宋临安城的著名弄水艺人："弄水：哑八、谢棒杀、画牛儿、僧儿。"而在淳熙十年（公元1183年）的一次弄潮表演中，有"僧儿、留住等凡百余人，皆手持十幅彩旗，踏浪争雄，直至海门迎潮。"这些艺人都是"市井弄水人"。大批专业艺人的出现，推动了游泳技术的发展。苏东坡在任杭州太守时，在其看潮诗中写道："八月十八潮，壮观天下无。"用散文笔记的形式记述了弄潮表演。苏轼感叹"吴儿生长狎涛渊，冒利轻生不自怜"（苏轼《八月十五日看潮五绝》之四，见《梦粱录·卷四·观潮》）。宋英宗治平年间的蔡襄作《戒约弄潮文》："……厥有善泅之徒，竞作弄潮之戏。以父母所生之遗体，投鱼龙不测之深渊，自谓矜夸。时或沉溺……"弄潮既是一种娱乐，也具有极大的危险性。宋代词人辛弃疾在《摸鱼儿·观潮上叶丞相》词中写道："诮惯得、吴儿不怕蛟龙怒。风波平步。看红旆惊飞，跳鱼直上，蹙踏浪花舞。"弄潮英雄藐视困难、征服自然的无畏精神跃然纸上。潘阆曾有《酒泉子·长忆观潮》一词，描写了"长忆观潮，满郭人争江上望。来疑沧海尽成空，万面鼓声中。弄潮儿向涛头立。手把红旗旗不湿。别来几向梦中看。梦觉尚心寒"的情景，这惊险的弄潮场面使人看后久久难忘。周密的文章先描写了宋代水军在钱塘江上威武雄壮的演习场面，后描写了弄潮："吴儿善泅者数百，皆披发文身，手持十幅大彩旗，争先鼓勇，溯迎而上，出没于鲸波万仞之中，腾身百变，而旗尾略不沾湿，以此夸能。"这不仅需要高超的游泳技术，也需要大无畏的精神。通过资料记载可以看出，弄潮不仅是弄潮人向自然的挑战，也是弄潮人展示自己的机会，体现了越地人的性格特征，即勇于挑战、轻死易发。

据吴自牧《梦粱录·卷四·观潮》记载："临安风俗……每岁八月内，潮怒胜于常时，都人自十一日起，便有观者，至十六、十八日倾城而出……帅座出郊，教习节制水军……""……教阅水阵，统制部押于潮未来时，下水打阵展旗，百端呈拽……舟楫分布左右，旗帜满船，上等舞枪飞箭，分列交战，试炮放烟，捷追敌舟，火箭群下，烧毁成功，鸣锣放教，赐犒等差。"《武林旧事·卷三·观潮》也对八月十八日钱塘江上的水军大教阅进行了详细的记载："每岁京尹出浙江亭教阅水军，艨艟数百，分列两岸，既而尽奔腾分合五阵之势，并有乘骑弄旗标枪舞刀于水面者，如履平地。倏尔黄烟四起，人物略不相睹，水爆轰震，声如崩山。烟消波静，则一舸无迹，仅有敌船为火所焚，随波而逝。"那"天卷潮回出海东"的钱塘潮势，金风送爽、丹桂飘香的美丽景色，战阵纷呈的水上军戏，无不使南宋都城家家室空，对景行乐。特别是还有许多观潮之人，“以大彩旗，或小清凉伞、红绿小伞儿，各系绣色缎子满竿，伺潮出海门，百十为群，执旗泅水上，以迓子胥弄潮之戏，或有手脚执五小旗浮潮头而戏弄。”（《梦粱录·卷四·观潮》）从庙子头到六和塔，沿江十余里的楼宇和岸边站满了观潮的人群。官方也于此时集合金山、澉浦的万余水师，在钱塘江中演习水战。一队队健儿斗风劈浪，竞相献技。当怒潮汹涌而来，不少弄潮儿披发文身，手拿彩旗，吹笛鸣钲，表演种种惊险巧妙的节目。有的手足上系着小旗，踏浪翻涛，腾跃百变；有的脚踏一叶小舟，在波峰浪谷中忽隐忽现，穿行自如。许多贵宦豪绅纷纷投掷银钱于水中，诱使弄潮儿潜水探寻，有人因此而被惊涛骇浪所吞没。有宋人《看弄潮》云：“弄罢江潮晚入城，红旗飐飐白旗轻。不因会吃翻头浪，争得天街鼓乐迎。”人们希望能征服潮神，平安度日，所以弄潮不仅仅被人们观赏，它还寄托了人们征服自然的美好心愿。[①]宋代弄潮是一种惊险的水上特技表演，吸引了无数人观看，以至于杭州万人空巷。通过这种表演，我们可以想象宋朝人的游泳水平之高。现在，钱塘江弄潮儿已不可再现，但是，每年农历八月十八日，成千上万的人去钱塘观潮的习惯仍然留存，宋代是钱塘江弄潮活动发展迅速的高潮阶段，而后关于弄潮的记载不是很多。

二、水秋千

水秋千是中国古代水上运动之一，它是现代跳水运动的前身，唐代赵璘的《因话录》中记载：洪州（今南昌）曹赞能在“百丈檣上，不解衣投身而下，正坐水面，若在茵席”，或在水中“回旋出没，变化千状”。这可看作我国早期的跳水运动。水秋千是一项将跳水、荡秋千和高空杂技表演结合在一起的竞技项目，在宋朝得到了空前发展，当时水秋千运动可谓风靡全国，上至皇帝、下至平民都十分喜欢这项体育运动。《东京梦华录·卷七·驾幸临水殿观争标锡宴》上详细记载：“又有

① 杨向东，2000. 中国古代体育文化史［M］. 天津：天津人民出版社，144.

两画船，上立秋千，船尾百戏人上竿，左右军院虞候监教鼓笛相和。又一人上蹴秋千，将平架，筋斗掷身入水，谓之‘水秋千’。”那时表演水秋千的时间是在每年三月，其作为一种表演项目出现，而非正式比赛项目。通常在三月二十日左右，宋徽宗赵佶会带着自己的家人和大臣，驾幸皇家水景园林金明池内的临水殿观龙船争标。开赛之前殿前泊有两艘画船，船上立着秋千，船尾有伎人做各种杂技表演，旁边还有一些禁卫军官兵击鼓吹笛助兴。然后一人现身登上秋千，稳稳荡起，越蹴越高，当身体与秋千的横架差不多平行时，突然腾空而起，弃秋千而出，在空中翻跃几个筋斗，最后掷身入水。这种荡动中跳水较之固定跳板跳水难度更大，是宋代娱乐活动中的创造，深受王宫贵族中人喜爱。北宋王珪在《宫词》中就描写了两队竞技、宫人内眷争相观看的情景：“内人稀见水秋千，争擘珠帘帐殿前。第一锦标谁夺得，右军输却小龙船。”内人便是宫廷中的妇女，她们也爱看这种水秋千表演。①

不仅在北宋都城汴梁的金明池进行水秋千表演，到了南宋，在都城临安的西湖、钱塘江都举办过这种杂技表演。据南宋吴自牧《梦粱录》等书的记载，每当夏日举办水秋千表演时，上至皇帝妃子、王公大臣，下至庶民苍生，竞相观看。因扮演者姿态各异，水秋千表演看上去惊险美丽而又变化不断。“水秋千”类似现代的跳水运动，是宋代杂技的新发展，在中国杂技史上占有重要位置，对后世颇有影响。在民间类似于水秋千的活动也有，民间的水秋千活动又称标杆船，也是水戏的一种。清朝的“水秋千”表演和宋代的表演有一定的区别，据清朝范祖述在《杭俗遗风》中记载：“西湖有龙舟四五只，其船长约四五丈，头尾均高，彩画如龙形，中舱上下两层，首有龙头太子及秋千架，均以小孩装扮。太子立而不动，秋千上下推移，旁列十八般武艺，各式旗帜，门列各枪，中央高低五色彩伞，尾有蜈蚣旗，中舱下层敲打锣鼓，旁坐水手划船。”②其虽然与宋代的水秋千有一定的联系，但表演方式完全不同。

在桐乡洲泉镇一带有一项传统水上民间体育活动，它和当地的蚕乡风俗有关，主要是以祈求蚕神保佑为出发点而进行的各种祭神活动，其中的一项高杆船技表

---

① 曹守和，2014. 浙江体育史［M］. 杭州：杭州出版社，37.

② 曹守和，2014. 浙江体育史［M］. 杭州：杭州出版社，37.

演和宋代民间的“水秋千”、明清的“水秋千”有一定的联系，但又有一定的区别。高杆船技的表演据说起源于明末清初，以清代后期和民国时期为盛，至今已有100多年的历史。表演时间为每年清明节前后三日，常在清河村双庙渚、南松村富墩桥和含山蚕花水会期间进行，是蚕花水会的一项重要内容。高杆船技表演时，在水上的一艘大船中央摆放着一个可旋转的巨型石臼，上面插一根三四丈高的带梢毛竹。民间将毛竹比喻成“蚕花竹”，表演者身着象征蚕宝宝形象的白色服装，沿竹竿而上，爬至梢顶，在弯成九十度的毛竹上表演各种惊险动作。爬高杆的全套动作有18个：顺撬、反撬、反张飞、硬死撑、扎脚背、扎后脚、扎脚踝、扎脚尖、坐大蒲团、咬大升箩、咬小升箩、扎后脑、围竹、掮竹、蜘蛛放丝、张飞卖肉、田鸡伸腰、倒扎滚灯。整套动作固定而连贯，极为惊险，集强身、要技、表演于一体，具有很高的娱乐价值和观赏价值。[①] 2011年，浙江省桐乡市的“高杆船技”入选第三批国家级非物质文化遗产名录，现代的高杆船技表演经过传承人的改编和创新，基本上把体操和杂技表演糅合在一起，作为当地的旅游表演特色项目之一，深受当地群众和广大游客的欢迎。

花样跳水由“水秋千”演变而来，因其具有极强的观赏性而进入了奥运会。1900年，瑞典运动员在第二届奥运会上做了精彩的跳水表演，一般公认这是最早的花样跳水。1904年，作为两项新增项目之一的男子跳水被列为圣路易斯奥运会的正式比赛项目。跳板跳水于1908年在伦敦奥运会上被列入了正式比赛项目，1920年又有了女子跳板跳水项目。浙江的跳水比赛是在1957年开始的，当时省体委、团省委联合会在厂矿、机关、城镇、农村职工、农民中大力推广国防体育、球类、游泳、棋类项目，每年举办的单项锦标赛有篮球、乒乓球、排球、足球、体操、游泳和跳水等。

三、龙舟竞渡

龙舟竞渡是一项传统的体育娱乐项目，有悠久的历史，关于龙舟竞渡的起源，

① 浙江非物质文化遗产网 http：//www.zjfeiyi.cn/.

专家们有多种观点，如纪念说（纪念屈原、伍子胥、勾践等）、祀水神说等，不论是在民间流传还是古文献记载中均很广泛。闻一多在《端午考》及《端节的历史教育》中提出龙舟竞渡是上古民众对龙图腾的崇拜，是龙祭活动的一种表现。万建中对闻一多的观点持反对态度，认为龙舟竞渡并非古已有之，广布在我国南方的竞渡习俗，源于原始的魂舟祭祀活动，直至春秋晚期，受中原或楚文化的影响，竞渡与龙舟才联系起来。[①]

隋唐时期江南地区的龙舟竞渡已经很普遍了，据《杭州府志》描述："五月端午……各至河干湖上，以观竞渡。龙舟多至数十艘，岸上人如蚁。"[②]可见当时龙舟竞渡的参与度之高。唐代张建封曾作《竞渡歌》，全文如下：

《竞渡歌》

五月五日天晴明，杨花绕江啼晓莺。
使君未出郡斋外，江上早闻齐和声。
使君出时皆有准，马前已被红旗引。
两岸罗衣破晕香，银钗照日如霜刃。
鼓声三下红旗开，两龙跃出浮水来。
棹影斡波飞万剑，鼓声劈浪鸣千雷。
鼓声渐急标将近，两龙望标目如瞬。
坡上人呼霹雳惊，竿头彩挂虹蜺晕。
前船抢水已得标，后船失势空挥桡。
疮眉血首争不定，输岸一朋心似烧。
只将输赢分罚赏，两岸十舟五来往。
须臾戏罢各东西，竞脱文身请书上。
吾今细观竞渡儿，何殊当路权相持。
不思得岸各休去，会到摧车折楫时。

① 王若光，刘旻航，2013．“飞龙在天”：端午龙舟竞渡习俗考源［J］．民俗研究，（06）：50–55．

② 刘秉果，1987．中国古代体育史话［M］．北京：文物出版社，128．

文中不仅交代了节令、天气、环境，还描写了州郡长官及观看的男女老少，尤其是女士们，可见观看比赛的人之多。而后又描写了第一次竞渡的情景，通过“飞万剑”“鼓声劈浪鸣千雷”“目如瞬”“霹雳惊”“虹蜺晕”等来描写比赛时惊天动地的场面，以及观看群众的激动与振奋，锦标五彩缤纷，令人眼花缭乱。无论是参赛者还是观赛的人们情绪都非常激动，通过“两岸十舟五来往”来说明竞赛的激烈程度，双方 10 艘船比赛了 5 次，输的一方还是不服气，双方又脱了上衣，露出刺花的身体，请求再决雌雄。《竞渡歌》把当时龙舟竞渡的场面描绘得非常细致到位，让人如同身临其境，可以想象当时龙舟竞渡的场面有多么的壮阔，由此可以看出龙舟竞渡已经是唐代人们生活中的一部分了，其融入了人们的日常生活，是必不可少的一项生活习俗。

唐代以前龙舟竞渡普遍在江南水域地区开展，而后逐渐北移。宋代建都汴京，凿金明池以练水军，在金明池中也有开展龙舟竞渡。《东京梦华录》有记载北宋皇帝于临水殿看金明池龙舟竞渡，其中有彩船、乐船、小船、画舫、小龙船、虎头船等供观赏、娱乐，而且还有长达 40 丈的大龙船，除此之外，其他船列队布阵，争标竞渡。宋代画家张择端绘制的《金明池夺标图》，描绘的就是当时竞标之景象。南宋建都临安后，民间龙舟竞渡活动更加活跃。宋代耐得翁在《都城纪胜 · 舟船》中记载：“西湖舟船，大小不等，有一千料，约长五十余丈，中可容百余客；五百料，约长三二十丈，可容三五十余客。皆奇巧打造，雕栏画栋，行运平稳，如坐平地。无论四时，常有游玩人赁假。舟中所须器物，一一毕备，但朝出登舟而饮，暮则径归，不劳余力，惟支费钱耳。其有贵府富室自造者，又特精致耳。西湖春中，浙江（钱塘江）秋中，皆有龙舟夺标，轻捷可观，有金明池之遗风。”[①]

明清时期，杭州西湖的龙舟竞渡尤盛。据《杭俗遗风》记载：西湖有龙舟四五只……旁坐水手划船。若做胜会，大船停泊湖中，龙舟四周围转，鱼贯而行。如抛物件，各龙舟水手下水争抢。最难抢的是钱和鸭子二物。钱下水则沉，鸭子下水则游，各舟你争我逐，大为可观。明清时期的龙舟竞渡，继承了隋唐遗风，依旧受人们的追捧。

---

① 曹守和，2014. 浙江体育史［M］. 杭州：杭州出版社，38.

中华人民共和国成立后，杭州、湖州、温州、绍兴等地仍有龙舟活动的习俗，如祭祀先烈、祭拜龙神、表演比赛等。改革开放后，随着经济的迅速发展，在解决了温饱问题后，人们对精神生活的追求也越来越高，中华传统的龙舟竞渡活动也迅速发展起来，各地的龙舟竞赛活动空前活跃，2007 年温州曾举行龙舟赛事，活动期间龙舟就有上千艘，观众人数达到 10 多万人，可见其受欢迎程度。2011 年首届“中华龙舟大赛”由国家体育总局社会体育指导中心、中国龙舟协会、中央电视台体育频道共同主办，中视体育娱乐有限公司和各赛事举办地政府承办，赛事分为两站，分别是江苏省江阴市月城镇和福建省漳州市。第一站有 10 支队伍参赛，第二站有 16 支队伍参赛。而 2012 年的“中华龙舟大赛”设置了 6 站，赛事分别设置了男、女队参赛，在“中华龙舟大赛”一周年之际的第三站江苏省江阴市月城镇双泾生态园举行的分站赛上，“中华龙舟大赛”享受到了国际级大赛待遇，同奥运会、世界杯、欧洲杯等赛事一样，受到中央电视台体育频道的直播，甚至在泰国都能看到“中华龙舟大赛”，可见“中华龙舟大赛”的影响力。随着“中华龙舟大赛”的发展，参与的队伍也越来越多，不仅南方有龙舟代表队，北方也有很多代表队积极参与“中华龙舟大赛”，同时在赛事的设置上也更加合理，2014 年赛事设置了职业组和大学生组，参与比赛的队伍越来越多，各个分站都有精彩赛事，2015 年新增 100 米直道赛和青少年组的比赛。2016 年第四站的浙江丽水站，比赛参赛队伍有 45 支，其中职业男子组 21 支队伍、职业女子组 6 支队伍、青少年男子组 11 支队伍、青少年女子组 7 支队伍，参赛队伍数量出现了翻倍现象，可见“中华龙舟大赛”受大家欢迎的程度。到了 2018 年，组别上设置了精英组、公开混合组、青少年组等，项目设置上也更加多样化，有了 22、23 人的大龙舟和 12 人的小龙舟，同时设置了单项赛和团体赛，使赛事向更加规范与合理的方向发展。“中华龙舟大赛”举办了十几年，已经是响当当的品牌赛事。

随着“中华龙舟赛事”的火爆和赛制的成熟，各类其他赛事相继举办，竞赛规则也在不断完善。根据竞赛形式分为直道竞速赛、环绕赛和拉力赛。竞赛类别有正式比赛（世界龙舟锦标赛、世界俱乐部龙舟锦标赛、洲际龙舟锦标赛、全国龙舟锦标赛、全国综合性运动会龙舟赛、地方龙舟赛）、邀请赛（国际龙舟邀请赛、全国龙舟邀请赛、地方龙舟邀请赛）。竞赛组别有男、女组（无年龄限制），混合组（8～12名女子，无年龄限制），成人男、女组（18～40岁），成人混合组（8～12名女子，18～40岁），青年男、女组（16～18岁），青年混合组（8～12名女子，16～18岁），少年男、女组（16岁以下），男、女组（40岁以上），男女混合组（8～12名女子，40岁以上），公开赛（无性别年龄限制）。作为传统体育项目，龙舟运动在国际上已经有了一席之地，受到了许多人的欢迎，通过龙舟比赛不仅能够提升集体意识和体育竞争意识，同时作为一种交流方式，在国际舞台上也展示了中华优秀传统体育文化。

第三章　越地武术文化

越人一直有尚武的风俗，这是当地人为了生存和发展而不断形成的一种社会风俗。越地矿产丰富，古代时，这里的人铸剑技艺高超，上至国君、下至百姓都很喜欢剑。剑不仅可以防身，同时也是一种配饰。春秋时期各国诸侯争霸不断，越地的战争也接连不断，著名的吴越争霸是越地最为精彩的历史片段。战争大大推动了武术的发展，越王勾践为了复仇“十年生死，十年教训”，大大发展了剑术与射术。《汉书·地理志下》中记载有：“吴、粤（越）之君皆好勇，故其民至今好用剑，轻死易发。”从文献记载中看，古代人们对越人的认知就是尚武好剑的，除此之外，越地拳术的发展也很迅速，出现了多种拳术及拳术理论方面的研究。

第一节　越地武术器械的发展

刀剑与弓弩在古代冷兵器时期都是用于战争的武器，其制作技艺也随着时代发展而不断改善。以现代眼光来看，有些冷兵器时代的铸造技术，不仅在当时来说属于上乘，即使在现代看来都是很精湛的。例如，越地的铸剑技术已经达到一定的高度，历经几千年从这里出土的剑的剑身仍然光亮，在经济与科技都非常落后的古代，越地铸剑师在铸剑时，对剑的成分配比与熔炼的监控，其精密程度堪比现代的机器，可见技艺之高超。

一、刀术

刀是古代兵器之一，其最先是长柄大刀，随着战争的需要，短刀也在应用，唐以前刀剑的使用方法相差不大，后来随着各个朝代刀的制作方式不同，刀的使用方法才在剑的使用基础上逐渐脱离。

明代时期越地的戚家刀法非常出名，抗倭名将戚继光把日本刀法改良成为戚家刀法。据传戚继光在和倭寇作战时，倭寇的单兵作战能力甚强，又兼倭刀锋利难挡，明军士兵多有伤亡。戚继光曾说："我军长兵不捷，短兵不接，长器不捷，遭之身多两断！"日本刀法在当时很受追捧，朝野间出现了引进日本刀及其实用技术的热潮，军事将领、民间武术家、武术爱好者等都通过各种渠道学习日本刀法。戚继光在和倭寇作战时从一名倭寇身上得到日本古流剑术传书《阴（隐）流之目录》一卷，得此倭刀图谱之后，戚继光在长达十几年的时间里，在军队中积极推广日本刀法，并且逐步摸索出了一套切实可行的训练教程，取日本刀法之长，补中国刀法之短，著成了著名的《辛酉刀法》。它由两部分组成，前面是用日本文字写成的《隐流之目录》及其"习法"，后面是戚氏的演练法，不仅有日本刀法，还有中国明代的枪法和拳法，这本《辛酉刀法》是一本集中日刀法为一体的珍贵文献。在御倭、御鞑和万历壬辰援朝等战争中，戚继光训练出来的军队发挥了重大作用。戚继光之所以能够在长达十几年的战争中不断取得胜利，主要在于他能够做到"取之所长，用以克敌"，这种观点在当时许多墨守成规的军人中是难能可贵的，学之于敌又用之于敌，正是戚继光的过人之处。而后戚继光将"以双手执一刀"的刀法命名为"双手刀"或"双手长刀"。戚家刀法在军队作战中发挥了极大的作用，大大提高了当时明军的作战能力。

明清时期越地的刀法还有山阴刘将军刀法和萧山沈将军刀法。刘将军刀法传承人有刘氏后人刘穆、盛国政以及清初平阳总兵杨茂经。《干城录》中记载："穆之同邑宗人翼明亦得刀法真传。翼明侄炎，顺治戊戌科武状元，孔武多力，运百斤大刀，马上往来如飞。三藩逆阙，王师南讨，积功为将，雄镇一方。自翼明后，刘氏子孙世守刀法，代有名将，故山阴望族，莫有匹者。”[①]刘将军刀法是偃月刀法，三国时期的名将关羽，所使用的刀形如“偃月”（半玄月形大刀，凡是物体似半月的多称为偃月），因而叫作偃月刀。而《三国演义》中的偃月刀又称青龙偃月刀。偃月刀法的主要特点是“以避为击”，手眼快，脚法轻捷，斜提直刺。刘将军刀法可用于斩马刀、双手刀和单刀，是一种通用刀法，其技引宋元人刀法之长而成在之。[②]萧山沈将军刀法当时得其技艺的有沈至绪、沈镇东、王雨谦等。安有长柄的刀叫作大刀，是一种砍杀的兵器，而这种刀是在专用于劈砍的短柄刀的基础上发展起来的。三国时期关公的偃月刀到了晋代称为大刀。长刀自后汉时期开创后，各个朝代都作为常备的武器，其制作方法也被不断地改进，到了宋代其制作更为精良，如宋代的象鼻刀，其刀头如钺，马上用刀直推前去，刀法争寸争分，无退缩畏让，刃阔锋长，变分为寸，变寸为尺，刀不差寸，尤为枪所不及。刀主要是单刃用于砍杀，唐以后刃加宽，如开山刀，刀法里劈外截，二者合用配上步法，手腕翻转，刀随人走，人随刀走，上有缠头裹脑刀，是中国刀的基本刀法。随着朝代的更替和作战的需要，各种刀不断涌现，如长柄刀、短柄刀、用于马上作战的刀和步兵常用的刀，清朝时期还出现了一种可以拆卸的非常实用的刀，不论是哪种用途的刀，在古代根据刀尖来区分，基本上可分为三种，即柳叶尖、开山尖、鬼头尖。

现代的刀法流派很多，但是刀法的特点都是刀刀沉猛，基本的动作有劈刀、砍刀、撩刀、挂刀和斩刀。劈刀就是将刀从上向下劈，手臂和刀保持在一条直线上，抡刀的时候整体要协调一致。砍刀就是将刀向右下方或左下方的位置砍，砍的时候朝斜方向。撩刀就是将刀刃由下向上撩动，刀的力量在刀刃上面。挂刀是指将刀尖由下向上转动，向后或向下挥动，挂的时候要贴在后身的位置挂出。斩刀是将刀刃向左边横砍，高度在头部和肩部之间，手臂在挥动的时候要伸直。刀在现代的武校教学和武术赛事中还可以见到，尤其是在一些武术比赛中常专门设置与刀有关的比赛项目。

---

① 凌懿文，2012. 浙江传统武术简史［M］. 北京：学苑出版社，140，142.

② 凌懿文，2012. 浙江传统武术简史［M］. 北京：学苑出版社，140，142.

二、剑术

春秋战国时期，随着铸剑技术的不断提高和剑的广泛应用，剑术与剑术理论得到了快速发展。关于剑术理论的最早论述是《吴越春秋·勾践阴谋外传》中有关“越女论剑”的记载。据记载，越女是生活在南林的一名民间女子，她从小喜欢击剑，技术高超，在越国很出名。范蠡听闻，向越王勾践推荐：“今闻越有处女，出于南林。国人称善。愿王请之。”越王听闻国相之荐，“越王乃使使聘之，问以剑戟之术。”在《吴越春秋·勾践阴谋外传》中记载：越女去见越王的途中，“道逢一翁，自称曰袁公。问于处女：‘吾闻子善剑，愿一见之。’女曰：‘妾不敢多所隐，惟公试之。’于是袁公即拔箖箊竹，竹枝上枯槁，末折堕地，女即捷末。袁公操其本而刺处女。处女应即入之，三入，因举杖击袁公。袁公则飞上树，变为白猿。遂别去”。通过这段叙述，可以看出越女在和袁公比剑的过程中，很大程度上采用了“以静制动、后发制人、以柔克刚”的方式击败了袁公。越王问越女击剑的技法，“越王问曰：夫剑之道则如之何？女曰：‘妾生深林之中，长于无人之野，无道不习，不达诸侯。窃好击之道，诵之不休。妾非受于人也，而勿自有之。’”通过越女的论述可以明了，越女自幼生长在山林，她的剑术不是跟随哪个师父所学，而是通过自身感悟摸索出来而自成一派的独特剑术，而且达到了一定的高度。

而后越王曰：“其道如何？”女曰：“其道甚微而易，其意甚幽而深。道有门户，亦有阴阳。开门闭户，阴衰阳兴。凡手战之道，内实精神，外示安仪，见之似好妇，夺之似惧虎，布形候气，与神俱往，杳之若日，偏如腾兔，追形逐影，光若彿彷；呼吸往来，不及法禁，纵横逆顺，直复不闻。斯道者，一人当百，百人当万。”她认为凡是手持兵器格斗的技法，都应该内心充实，外表安详，看着像美丽的妇人，搏击时却像可怕的猛虎，摆好姿势全神贯注，即使是昏暗的夜晚，也会感觉似白天一样明亮，骤然跳起，犹如腾空的野兔。追逐对手要紧随其后，似是如影随形。呼吸得当，搏击来往之间，也听不到声音。只要是掌握了击剑的技巧，可以以一当百，百人可以当万人。“越女论剑”在历史上相当有名，她强调先静后动，静中求动、动静结合的道理。运用阴阳、开合等来说明击剑进退攻守的原则，指出击剑时应高度灵活敏捷而且从容镇定，这样才可以以一当百，所向无敌。这些道理至今对武术锻炼甚至现代的奥运击剑比赛都有一定的参考价值。不过越女所讲的“凡手战之道，内实精神，外示安仪，见之似好妇，夺之似惧虎”，是应用于斗剑技术的经验总结，与战场上的战斗还是有所不同的。

剑法之道，微妙而简易；剑法之意，幽远而精深。剑法的规律在于门户和阴阳，也就是守住自己的门户而设法打开对方的门户，放下外在的形式而直追内在的本质。手搏的技术在于精神的专注和身体的放松。闲静时如姣花照水，行动处似弱柳扶风。而一旦得到战机就像猛虎扑羊一样迅猛出击。调整好形态和气息，让其随着精神的调度而随心所欲，意到气到力到，一气呵成。对方进攻我，就像追赶太阳一样，看似就要追到了，而实际上怎么也碰不到，永远遥不可及，就算对方有熊的力量，连碰也碰不到我，能奈我何？又像逃跑中的兔子一样，不断变化着行进路线，对方不得不跟着时刻改变方向，控制和调整速度，就算对方有豹的速度也无法打到我。我进攻对方，就像追魂索命一般，我的剑和对方的要害如影随形，不管对方逃到哪，怎么逃，也不管对方如何防守、抵挡，我的剑都刺在他的要害上。我的剑与对方的要害仿佛光与影子的关系一般，只要光一出现，就如影随形，无处可逃。呼吸、攻防的技巧，纵的、横的、顺的、逆的，都一概不问，只管绕开其锋芒，直追其要害。如此剑法，出手不空回，剑剑索命。一人敌百,百人敌万。而网络上关于“越女论剑”的论述很多，不管从哪个方面解释，越女阐述的“开门闭户，阴衰阳兴”讲的是开门攻敌、闭门防守之法，即“阴守阳攻”的攻守之策略，她在门户、内神、外表、呼吸等方面的论述，也都充分体现了辩证的思想，可见其对击剑精髓的领悟之深，这对后世的武艺理论有着一定的积极影响。

受春秋战国时期风气的影响，剑术在秦汉三国时期也受到上至皇帝、下至百官的喜爱。西汉时期因为剑这种兵器不仅短、美观，还便于健身、防身之用，所以连不少文人学士也和剑结下不解之缘。而到了东汉以后，剑和剑术在战场上的作用相对降低，不过剑常常用于装饰和表演，剑术也作为一种习武健身的方式在后世流传。唐代“重文轻武”的风气开始流行，文人把佩剑作为装饰，“掷剑”较为流行，即将剑抛上高空再用手接住，据传唐代著名画家吴道子请当时的著名剑术家裴旻表演剑术，裴旻“掷剑入云，高数十丈，若电光下射。旻引手执鞘承之”。

掷剑术除了用于表演外，其所用的短剑还可以作为暗器，具有一定的杀伤力。明代倭寇入侵越地，其使用的“倭刀法”使明军吃了很大苦头，后来戚继光在其基础上改良了刀法，结合“鸳鸯阵”最终平定了倭寇。

到了清朝，在“禁武”政策的影响下，剑术的地位直线下降，其成为江湖各派的一种锻炼身体协调性和加强身体素质的方法，这种转变使剑术出现了招式的“套路化”。根据剑法来区分，有武当剑、太极剑、青萍剑、三才剑、三合剑、云龙剑、八卦剑、螳螂剑、通背剑、醉剑、宣化剑、七十三剑、龙形剑、奇门十三剑、白虹剑、纯阳剑、七星剑等。关于剑术比赛有专门的武术锦标赛，在各类基本运动会设置的武术比赛中都有剑术比赛，如全国武术剑术比赛（竞技武术）、全国青少年武术套路锦标赛（剑术比赛）、奥运会的剑术比赛和亚运会武术比赛（女子剑术）等。在 1913 年浙江省第一届师范学校运动会上设有舞剑，1933 年乐清县举办的庙会上汇聚了很多武艺表演，包括武大刀、使锏、舞剑、打拳头等项目表演。经过几百年的发展后，现代剑术基本用于表演与健身，大多数套路都属于剑舞。

三、射术

弓箭最初是原始社会时期人们狩猎远射的一种生产生活工具，最初是由弹弓演变而来的。原始社会时期人们主要靠狩猎和采集来获得食物，狩猎工具非常简单，后来人们为了填饱肚子，在攀岩采集的过程中发现了树枝弯曲后具有一定的弹力，人们受其启发，发明了弹弓。随着社会生产力的发展，弓箭取代了弹弓，弹弓逐渐成为一种娱乐形式。弹弓起源于生产劳动这一说法是比较可靠的，具有一定的依据。在《吴越春秋》中有记载：

《弹歌》

断竹，续竹，飞土，逐宍。

记载了人们使用竹子做成的弹弓来追逐野兽，以便获得兽肉。

还有一种说法认为弹弓起源于一个孝子守孝的故事，在《吴越春秋·勾践阴谋外传》中，陈音在回答越王所问时说："古者人民朴质，饥食鸟兽，渴饮雾露，死则裹以白茅，投于中野。孝子不忍见父母为禽兽所食，故作弹以守之，绝鸟兽之害。"意思是孝子不忍见父母的尸体被禽兽所食，故作弹以守之，以绝禽兽之害。不论是哪种说法，弹弓都是来自生活，而后随着生产力的提高和战争的出现，弓箭逐渐成为作战中的一种重要武器。春秋战国时期的射术除了弓箭弩射，还有弋射与弹射（弹丸），弹丸是一种古老的射术。《吴越春秋·勾践阴谋外传》中也有记载善射者陈音给越王讲弓矢之历史说："臣闻弩生于弓，弓生于弹。"这里陈音的说明也证实了在弓射以前已经有弹射了，不过，后来弹弓多为娱乐工具了。《说苑》记载了一段故事：吴王欲伐荆，告其左右曰："敢有谏者死！"舍人少儒故意穿着湿衣去见吴王，吴王曰："子来，何苦沾衣如此？"对曰："园中有树，其上有蝉。蝉高居悲鸣，饮露，不知螳螂在其后也；螳螂委身曲附，欲取蝉，而不知黄雀在其旁也；黄雀延颈，欲啄螳螂，而不知弹丸在其下也………"吴王因而领会其意，停止伐荆。从上述所知，在春秋战国时期，弹射（丸）多用于射鸟。

西周时期，贵族子弟们从小就要求学习礼、乐、射、御、书、数等"六艺"，其中的射术就是必修课之一。西周时期作为"六艺"之一的射术，到春秋战国时期仍是一项非常重要的军事技艺。射弩就是春秋战国时期发明的，弩是在弓的基础上改良而成的，其威力巨大，杀伤力强。弩是弓射的机械，置弓于木臂上，后有弩机，弩机之牙钩住紧张的弓弦，上有瞄准器，下有扳机。发射时有如现代放枪，抬臂瞄准扣动扳机，箭即发射。《吴越春秋·勾践阴谋外传》中记载，陈音向越王阐述弓弩的功能时说："鸟不及飞，兽不暇走，弩之所向，无不死也。"然后又阐述了所谓的"正射之道"："夫射之道，身若戴板，头若激卵，左蹉，右足横，左手若附枝，右手若抱儿，举弩望敌，翕心咽烟，与气俱发，得其和平，神定思去，去止分离，右手发机，左手不知，一身异教，岂况雄雌？此正射持弩之道也。"陈音认为：鸟还来不及起飞，走兽还来不及奔跑，弩射出后就没有不死的。可见弩射的威力之大。而后陈音指出，正确的持弩方法是要身体像背着木板一样直立挺拔，头部扬起。左脚在前脚尖向前纵向站立，右脚在后脚尖向右横向站立，左手像攀附树枝一样抱握弩臂，右手像抱孩子一样握稳弩身，双手举起弩，并瞄准敌人，屏住呼吸，然后同时发出箭和气，取得平衡。精神要集中在弩机上，意识随视线锁定目标，精神与意识需要分开控制，右手扣动扳机，而左手却不知道，同一身体不同部位接受并完成不同的指令，何况雌雄之分。这就是射弩之道。在这里陈音除了讲到发射时人的正确身体姿态和动作要领之外，还讲到发射时如何与呼吸配合，反映了当时对弩道深入细致研究的程度。越王对陈音非常欣赏，“于是乃使陈音教士习射于北郊之外”。后来，越国军士经陈音三个月的教习，“皆能用弓弩之巧”“无有不神”，证明了他的理论是可行的，为越国弓弩射艺的发展打下了基础。

汉代的射术也是士兵必须掌握的一项技能，随着社会的进步，射术有骑射和步射，在工具上分为弩射和弓射，弓射和弩射是当时军队作战的主要技能。汉代涌现了很多射箭高手，如李广、董卓、吕布等。唐代诗人卢纶有首《塞下曲》：“林暗草惊风，将军夜引弓。平明寻白羽，没在石棱中。”其专门描写汉代善射的“飞将军”李广，说他有次出去打猎，误将一块大石头当成老虎，竟一箭将石头射穿，可见其臂力之大，技艺之高超，在夜晚凭借感觉竟能一箭命中目标。

三国时期战争较为频繁，射术进一步得到发展，据《三国志·吴主传》中记载：“二十三年十月，权将如吴，亲乘马射虎于庱亭。马为虎所伤，权投以双戟，虎却废，常从张世击以戈，获之。”孙权非常爱好狩猎，有一次在狩猎中，马被老虎所伤，孙权投双戟，刺伤老虎，虽然没有明说用箭射中老虎，但是，能投双戟刺中老虎，也说明孙权的箭法不一般。东晋时期的沈田子，其是武康人，自幼爱好射箭、角力、举重和枪棍，武艺超群。武艺高强之人，其射术和臂力都很强，没有过硬的臂力，弓的重量和大小都受限制。《南史 · 卷七十三 · 列传第六十三》中记载了吴兴余杭人卜天与“善射，弓力兼倍”。臂力强，同等大小重量的弓，弓的反弹力更大，其杀伤力更强。

唐代射箭活动开展得很广泛，唐代开国皇帝李渊的箭术相当高超，隋炀帝大业十一年（615），李渊奉命前往山西镇压农民起义时，他的高超箭术对取得胜利起到了很大作用。据《新唐书》记载：“高祖从十余骑击之，所射七十发，皆应弦而倒，贼乃大溃。”而“雀屏中选”这个典故就是来自窦皇后选婿的故事，据《旧唐书·卷五十一·列传第一·后妃上》："乃于门屏画二孔雀，诸公子有求婚者，辄与两箭射之，潜约中目者许之。前后数十辈莫能中，高祖后至，两发各中一目。毅大悦，遂归于我帝。"李渊通过高超的射箭技艺抱得美人归，箭术高超使他有很多的优势。唐代射箭名将还有薛仁贵、郭子仪等人。军中练武中设置骑射、弩射、步射等。《旧唐书》中有记载张士贵在皇宫中教习士兵射箭，"兵士唯习弓马，庶使汝斗战，亦望汝前无横敌，于是每日引数百人于殿前教射，帝亲自临试，射中者随赏弓刀、布帛。自是后，士卒皆为精锐。"射箭一直作为军中主要武艺之一，在很多文献中都有记载。唐代君王每年都有狩猎的习俗，狩猎有专门的场地和规制，每每这时众皇子都会相互较劲，看谁狩的猎物最多，所谓狩猎主要看谁射箭射得准，其实也是一场实战的射箭比赛，而且射的都是移动的活靶，可见当时人们射箭技艺的高超。通过张祜的诗可以看出狩猎过程。

《观徐州李司空猎》

晓出郡城东，分围浅草中。
红旗开向日，白马骤迎风。
背手抽金镞，翻身控角弓。
万人齐指处，一雁落寒空。

这首诗直接写出李司空搭弓狩猎的过程，可见唐代文人也可以骑马射箭。女帝武则天开创了武举制度，而关于武举考试内容在《新唐书·选举志》中提到，其制有长垛、马射、步射、平射、筒射，又有马枪、翘关、负重、身材之选。在《唐六典尚书兵部》等中也有类似的记载。不同时期武举考核的内容略有不同，除了基础的考核外，武技考核主要是"长垛、马射、步射、马枪"四项内容，其中前三项都属于射箭的内容，突出了射箭作为基本功的地位。

宋代，射箭还作为一种礼仪在宫廷中教授，据《武林旧事·卷二·燕射》中记载："淳熙元年九月，孝宗幸玉津园讲燕射礼，皇太子、宰执、使相、侍从正任，皆从辇至殿门外少驻，教坊进念致语、口号，作乐，出丽正门，由嘉会门至玉津园，赐宴酒三行。上服头巾窄衣，束带丝鞋，临轩。内侍御带进弓箭，看箭人喝：‘看御箭。’教坊乐作，射垛。前排立招箭班应喏。皇帝第二箭射中，皇太子已下各再拜称贺，进御酒，并宣劝讫。皇太子及臣僚射弓，第四箭射中。上再射第五箭（宋刻‘第三箭’）又中的，传旨不贺。舍人先引皇太子当殿赐窄衣，金束带；次引射中臣僚受赐如前。再进御酒，奏乐，用杂剧。次赐宰臣以下十两银碗各一只。上赋七言诗，丞相曾懷已下属和以进。上乘逍遥辇出玉津园（宋刻有‘门’字），教坊进念口号。至祥曦殿降辇。招箭班者服紫衣幞头，叉手立于垛前，御箭之来，能以幞头取势转导入的，亦绝伎也。”射箭在宴会上作为礼仪表演节目等，在宋代还是比较普遍的。据《宋史·本纪·卷三十三·孝宗一》中记载：“二月丁丑，罢盱眙屯田，振济两浙、江东饥。戊寅，幸玉津园宴射，遂幸龙井。”《西湖老人繁盛录》中也有相关记载：“宁宗圣节，金国奉使贺生辰毕，观江潮、玉津园射。临射时，二人叉手立于垛面前，系招箭班急来祇应，专一挨箭，奉使以为神人射。”作为大型宴会的射箭表演，用“奉使以为神人射”来表达射箭技艺的高超。射术作为武艺训练中的基本功，会组织一些射箭射弩类的比赛，据《梦粱录·卷一·元旦大朝会》中记载：“先列招箭班士十余人于垛子前，使人多用弩子射，其班士裹无脚小帽子、锦袄子，踏开弩子，舞旋搭箭，过与使人，彼窥得端正，止令使人发牙。例朝廷差来伴射武臣，用弓箭中的则得捷，上赐闹装、银鞍、马匹、衣帛、金银器物有差，迎迓还舍，观者纷然。”在民间也会有瓦舍，射箭作为一些商业性的活动，还有彩头，据《西湖老人繁盛录》中记载：“庙东大教场内，走马、打球、射弓、飞放鹰鹞、赌赛叫、老鸦打线、告天子、番吃、青菜、画眉。”关于射箭也有一定的标准或规定，据《宋史·志·卷一百四十八·兵九》记载，宋光宗时有“殿、步司诸军弓箭手、带甲六十步射，一石二斗力，箭十二,六箭中垛为本等。弩手，带甲百步射，四石力，箭十二,五箭中垛为本等”的规定。

清代越地的射箭活动还有开展，据《处州府志》记载：“阮元（公元 1764—1849 年），字伯元，号芸台，仪征人。祖父阮玉堂，武进士，官至参将。父阮承信是学者，为阮元讲成败治乱和战阵谋略，并教射箭。”阮元是浙江巡抚、著名书法家、金石学家，少时就学习射箭，在丽水至缙云的古道旁崖壁上留下了“栝苍古道”四个篆体大字。天台的陈桂芬是同治七年（1868）戊辰科武进士第一人，他擅长射箭、掇石、舞刀，应试之年有 82 人参加殿试，其中浙江有 7 人，陈桂芬获得武状元，主考官都称赞其文武双全，是难得的人才。同治十三年（1874）十月，杭州的满营驻防之兵，按日轮操，公开阅视。其中操练的项目就有梅花枪、弓箭及技勇。在清朝军队中的操练项目中，弓箭还是必练项目之一。

射箭不仅是古代战将和练武之人的必备技能，也是军中训练的必学内容。百步穿杨、辕门射戟、一箭双雕、射簇入石、雀屏中选、三箭定天山，包括后羿射日，这些都是与射箭相关的成语或典故，说明射箭技术之高超。弩射作为射术的一种，与弓箭相比，其杀伤力更大，主要是可以接连发射多只箭矢，且射程远，后坐力强。但不是所有的弩都是一样的重量，所用的箭矢也有所不同。陈音在向越王阐述弩射之道时说："夫射之道，从分望敌，合以参连。弩有斗石，矢有轻重，石取一两，其数乃平，远近高下，求之铢分。道要在斯，无有遗言。"根据观察到的敌人情况，瞄准目标，集中发射，而且要根据弩的不同重量级配备不同的箭矢，一石重量级的弩配一两重的箭矢，这样它们的轻重比例就达到平衡了。当时的弩射技术虽不及现代打靶技术精湛，但在生产力水平不是很发达的古代，其已经非常先进了。后来，三国时期出现了诸葛亮改良的弩，宋代又有了床子弩、神臂弓等。

民国时期的运动会上就设置有射箭项目。1933 年第五届全国运动会上设置了射箭比赛，1935 年第六届国术比赛中也设有射箭比赛项目。在 1948 年第七届全国运动会上，射箭作为表演项目，其中浙江省的王志文和谢茂林获得射箭射远的第二、第三名，王志文获射箭比赛第三名。而从 1959 年开始的每隔 4 年举办一次的中华人民共和国全国运动会上都有射箭项目，1964 年中国射箭协会成立，1991 年国家体育总局成立射击射箭管理中心，目前全国性的射箭比赛有全国射箭冠军赛、全国室外射箭锦标赛、全国射箭奥项锦标赛、全国重点体校射箭比赛、全国重点学校射箭比赛、全国青少年射箭锦标赛。1984 年浙江省射击运动协会成立，2018 年浙江省射箭协会在杭州桐庐成立，在 2021 年全国射箭冠军赛中，浙江省的金涛、展羽翔、鲁帅获得男子团体冠军。

第二节 越地拳术发展

越地是个地形复杂的地区，有山川丘陵、平原盆地和河流湖泊，其中山川丘陵占 70.4%，平原盆地占 23.2%，河流湖泊占 6.4%，因此有“七山一水二分田”之说。古代越地遍布着军、都、关隘、驿站、卫所等军事驻地，且东临东海，南接福建，西与江西、安徽相连，北与上海、江苏接壤，备受兵家所关注。自古越人就有尚武的风俗，春秋战国时期越人把铸剑技术推向了高潮，而后南宋迁都临安，大大推动了民间武术的发展，明清时期延续了宋代的发展势头，各种拳术及理论得到进一步的发展。

一、拳术

（一）内家拳

内家拳相传是宋初宫中侍卫所练习之拳法，《干城录》中记载：“或曰内家大内，宋初内侍，雄武军，川殿值，太祖亲训戎士，号内等子，传其艺者曰内家。三峰合势尤精于艺，故传名焉。”又曰：“内家者长拳也。张三峰精宋太祖长拳，从而翻之取短打护身，为不可胜，翻之者，举一反三也。其技硬来硬去，张拳用腿，犹希太祖之武勇。而煞槌，冲掳，斗门，坐山虎，柔在他力前，刚在他力后，并为短打色艺。通臂拳，二手搏前偏交直剪，起连趾，满场飞逐更长拳紧要者。”[①]戚继光在《纪效新书·拳经捷要篇》中记载：“宋太祖有三十二势长拳，又有六步拳、猴拳、囮拳，名势各有所称，而实大同小异。至今之温家七十二行拳、三十六合锁、二十四弃探马、八闪番、十二短，此亦善之善者也。”其中列举的拳法就有十六家之多。虽然拳术门派较多，但每一门派的打法比较单一，戚继光认为现在的拳术“虽各有所传，有上而无下，有下而无上，就可取胜于人，此不过偏于一隅”，于是他秉着“兼而习之”的观点，把十六家拳法编成了三十二势拳法。

① 凌懿文，2012. 浙江传统武术简史［M］. 北京：学苑出版社，88.

在这三十二势拳法中，综合涵盖了踢、打、跌、拿等各方面的技巧，使之融会贯通、变化无穷、势势相承、克敌制胜。此时人们已经对拳法理论有了清晰的认识，戚继光认为："拳法似无预于大战之技，然活动手足，惯勤肢体，此为初学入艺之门也。""大抵拳棍刀枪钗钯剑戟弓矢钩镰挨牌之类，莫不先由拳法活动身手。其拳也，为武艺之源。"他指出了拳不仅可以强身健体，而且是各项武术技能的基础。

清朝初年著名学者黄宗羲（字梨洲，浙江余姚人）所作《王征南墓志铭》记载："盖起于宋之张三峰。三峰为武当丹士。徽宗召之。道梗不得进。夜梦玄帝授之拳法。厥明以单丁杀贼百余。三峰之术，百年之后，流传于陕西，而王宗为最著。温州陈州同。从王宗受之，以此教其乡人，由是流传于温州。嘉靖间张松溪为最著。"[①]据《宁波府志》记载：张松溪拜孙十三老（孙武子）为师，"其法自言起于宋之张三峰。三峰为武当丹士，徽宗（赵佶）召之，道梗不前。夜梦元帝，授之拳法，厥明以单丁杀贼百余，遂以绝技名于世。"[②]从上面的记载可以看出，内家拳起源于宋代，是在宋太祖三十二势长拳的基础上，由后世精学改造而流传下来。明代嘉靖之后，内家拳在越地自成一脉，据《王征南墓志铭》记载："松溪之徒三四人，而四明叶继美近泉为之魁。由是流传于四明。四明得近泉之传者。为吴崑山、周云泉、单思南、陈贞石、孙继槎。皆各有授受。崑山传李天目、徐岱岳。天目传余波仲、吴七郎、陈茂弘。云泉传卢绍岐。贞石传董扶舆、夏枝溪。继槎传柴玄明、姚石门、僧耳、僧尾。而思南之传。则为王征南。"[③]而清代黄百家（黄宗羲之子）是在其师傅王征南死后七年著书《内家拳法》。

张松溪的第四代传人是夏枝溪，第十一代传人是夏明士，2003 年宁波奉化剡源人夏宝峰，展示了祖父夏明士所撰写的《示后昆篇》，夏明士说："家传有绝技，曰行字，俗名'鹅头颈拳'。斯术原名剑术，因书剑同理而成，故以行字名之，曰行字拳势。余姚黄不失（即黄百家）谓张三峰即精于少林，复从翻之，故又名内家……都不外敬、紧、劲、径、切五字决。"张松溪和王征南都是宁波人。宁波古称四明，黄宗羲说内家拳从张松溪传四明叶继美，"由是流传于四明"，传到王征

① 王征南墓志铭 https：//baike.so.com/doc/7893076–8167171.html.

② 曹守和，2014. 浙江体育史［M］. 杭州：杭州出版社，44.

③ 同①。

南。沈一贯在《搏者·张松溪传》中言明张松溪从师父孙十三老处传得的内家拳秘诀只有三字：勤，紧，径；而他自己又增添二字：敬，切。于是形成至今著名的内家拳“五字诀”[①]，可见内家拳在古代宁波流传下来了，现在内家拳已经成为省级非物质文化遗产项目之一。

（二）南兵拳

南兵拳是明朝抗倭名将戚继光在越地抗倭时期让士兵练习的拳法，由于戚继光当时所带的部队叫作南营，该拳法因此叫作南兵拳。南兵指的是嘉靖以后的浙兵。在王士性所著的《广志绎》中记载：“九塞五岭，满地浙兵……至今称南兵者，皆其遗也。”《干城录》中记载：“嘉靖三十三年，俞代汤将为苏浙副总兵，恐士卒懈怠，乃纂拳练伍。人习武艺，手足勤便，且可号令也。未几，戚南塘佥书浙江，询诸艺而教习之，定拳法为艺首，所部自操必先，时论南兵善张拳，盖得力于斯也。”南兵拳在越地士兵中广泛流传，在明朝隆庆后，学武之人把南兵拳作为入门之径，到了天启年后，越地的武科考员基本上都会学习南兵拳的竞技之术，一直到清朝时期，越地的标营仍然把此拳作为训练首选。

南兵拳属于竞技类的拳术，对抗性较强，其又名雄拳或长拳，具有典型的浙东南拳风格，拳式手脚相应，长短互用，内外周全，刚柔并举，拳路无固定顺序，可先后颠倒，但前后都可势势相连，有明眼、快手、力脚、便身等特点，历来被奉为兵营拳经。[②]南兵拳是戚继光在越地抗击倭寇时期，综合各家所长而改编的，他认为军队是用来保护百姓的，不是百姓来保护军队，所以他练兵一直从实战出发，作为一线军官，他身先士卒，带头在战场上勇猛杀敌，他同俞大猷、唐顺之等人集思广益，将苍南、广东南拳和苏杭地区的十多种地方拳改编成南兵拳。南兵拳集合了各家所长，有长短拳、擒拿短打、通臂劈褂等动作，其更加适合在战场上应用，实用性很强，是当时南兵的精炼之作。《宁波府志·边澄传》记载了南、北兵的比武事件，也是当时南兵们展示雄风的一次，“时江彬（明

① 孙武军，2007. 再论四明内家拳与松溪内家拳［J］. 精武，（6）：18–19.

② 蒋兴材，2007. 戚继光三十二势长拳与南兵拳［J］. 武当，（11）：28–29.

朝边将）率边兵数万从驾南巡，将回銮。彬谓南兵不如北兵之勇，欲留镇守。南司马乔宇坚执不可，谓南兵亦自足用，请会南北兵校艺。于是檄取澄（边澄，慈溪人，武林高手）及金华绵章二人应募。至京，宇乃与彬集演武场试之。北兵举双刀，捷如弄丸，澄梃击之，两刀齐折，北兵气沮，宇遂罢镇守之议”。通过此次比武，纠正了人们对“南兵不如北兵之勇”的偏见。南兵拳在练习时能够“拳打顺力，借力打力”，呼吸顺势顺意，不用憋气，可以瞬间提气将力量注于动作之中，借着惯性与速度，迅速克敌。这种可以借力打力和将力量灌注于动作的方法与陈式太极拳相似。

明清时期南兵拳在越地广泛流传，是具有一定影响力的拳术 。南兵拳随着戚继光的足迹传到了北方、广东等地，当地的教官也按照戚继光带兵练兵的方法进行练兵。在《湘军兵志》中有和戚继光练兵打仗相同的方法，使南兵拳得到推广。南兵拳在20世纪60年代还有3个传承体系，主要是杭州王玉瑱传系、台州周士法传系和鄞县（今鄞州区）黄元秀传系。发展相对较好的是王玉瑱传系，王玉瑱学习武术是从练习南兵拳开始的，他掌握了拳术、双刀、双锏及牌刀等，其后人多从事武师工作等。现在仍然有坚持练习南兵拳的人，如杭州富阳还有按照南兵拳古时的练法进行练习的人并沿袭了下来。同时，还有部分人通过研究南兵拳，对其进行了改造与演化，如陈王廷，他把南兵拳演化成了陈氏太极拳，在陈氏太极拳的基础上不断发展并进一步演化的有杨氏太极拳、吴式太极拳等，现在的太极拳有48式、42式、40式、24式等套路，使南兵拳得到进一步的发展。在现代的有些武术类比赛、武警训练、军队操练等动作中还可窥见南兵拳的影子。

（三）温州南拳

温州南拳是流传在浙南地区的一种拳法，也是中国南拳中的一个门派。其起源于古代沿海地区劳动人民的体育活动。古时的温州是东南一隅的蛮荒海滩，先民们在此日出而作，日落而息。在空闲时节，大家聚集在一起，搞些简单的活动，如扳手、搭马、举重等，作为嬉戏娱乐。随着岁月推移，逐步形成在住房中堂或空旷坛场进行对练、角逐，模仿原始的搏击动作。人们通过不断摸索，总结出一套符合人体生理功能特点和地域特性，将技击和健身相结合的运动方式，这就是温州南拳的雏形。[①]温州各地的民众经常用武术进行健身强体，习武之风在各个村落之中甚是活跃，尤其是在平阳（含苍南）、永嘉、乐清等地，习武之风盛行一时。据《历代人物与温州》记载，历代武举考试中“骑射与技勇”是主要考试科目之一。自唐宣宗十三年至清末废科举的1046年间（859—1905年），温州共出武进士近400名，其中北宋1名、南宋309名、明代3名、清代70多名。特别是南宋时平阳县（含苍南）共出武状元16名、榜眼5名、探花6名。在南宋淳祐年间（1241—1252年），吴金明曾经游历至永嘉县瓯渠地区，而后在此地定居，当时他和当地的民众一起以耕读为生，他把自己的拳术传授给了民众。当时的村落大约有400农户，基本上家家都设拳坛，村民个个练习武术，用以强身健体，因而当地有“武术之乡”的美名。

温州南拳源自民间，并在民间发扬光大，其主要特点是赤膊对练，以声助力，以力发声，内外兼修。温州南拳最有影响的拳种有：瑞安董田陈朗清、陈一虎的刚柔法门拳，平阳宜山应得标、温州陈寿喜的中栏拳法，瑞安鲍田戴如志、温州金庆池的虎形鹤拳，永嘉瓯渠吴阿彩和其子吴承球（人称球相）的七虎拳等。[②]不同拳种都来自生活，又在生活的不断打磨下，有了自身独特的套路与动作，逐渐形成了各自特色。据1985年浙江省体委统计，温州南拳共有17种，其中著名器械有丈二棒、齐肩棍、梅花棍、板凳花等。这些不仅是优秀的传统体育文化，也是人类宝贵的财富，尤其是温州南拳中的刚柔法门拳与中栏拳法，以其古朴端庄的风格，被称为全国特有的拳种。

随着社会的变革，加上南拳名师因年事已高相继离世，温州南拳的发展逐渐衰落，这引起了南拳人士的关注，后在王万玉、潘挺宇等南拳人士的推动下，2011年成立了温州市南拳协会，潘挺宇为会长，协会的成立极大地团结了温州南拳各门各派，为温州南拳的发扬光大起了良好的促进作用。潘挺宇不仅是一名成功的企业家，也是温州南拳中栏门传人，而且他还是一位爱好钻研的发明家，他以国家武术段位的标准创编了6套温州南拳中栏门挺宇拳法和6套南拳防身操，这套防

① 浙江省非物质文化遗产网：http：//www.zjfeiyi.cn/.

② 同上。

身操在中小学生中推广，健身防身效果良好，得到了家长和学生们的一致好评，不仅弘扬了温州南拳不畏强暴、积极向上的精神，也使中华优秀传统文化走入了学校。他还运用温州南拳中的柔化功法，创编了“南太极拳”，其刚柔并济，属于上乘内家拳法。在他的推动下，温州南拳得到了进一步的发展和弘扬，不仅如此，他还把温州南拳带出国门，走向世界，他根据中栏门功法创编的“罗汉排打功”，是一套既可以表演，又可以实际运用于实战中的内功，他带着学生到我国香港等地参加比赛或表演这套“罗汉排打”，赢得了武术界的好评。他还和他的妻子走访过西班牙和意大利，曾经以以一当五的战绩，在国外打响中国真功夫的名气。

（四）船拳

船拳是流行在中国江南水乡的一种拳法，顾名思义，它是一种在船上打的拳法，船拳发源于吴越春秋时期，其发源有两种说法：一是越王为了复国，借助吴越地区的纵横水网让范蠡组建了一支能在河上作战的水军，船拳就是这些士兵练习的拳法；二是戚继光为了抵御倭寇入侵东南沿海，改编的在水战中与敌人近身搏击的拳法，流传的主要地区为湖州和舟山，渔民们为了抵御外敌、强身健体，就把船拳一直延续下来，舟山船拳获得了浙江省非物质文化遗产的审批。民国初期时，有些地区办起了国术馆，渔民可以在国术馆学习一些健身防体的武术动作，定海、普陀、岱山等地的国术馆较多。明清时期舟山渔区有名的帮会组织有“洪帮”等，他们学习的主要武术拳种就是船拳，洪帮本名“洪门”（亦作清帮），又名“安清帮”。洪门是一些明朝遗老和不甘心受清朝统治压迫的民族志士结成的秘密团体，主要从事反清复明等活动。“洪门”在历史上被称作“天地会”，其起源的说法不一，是清代南方主要的秘密结社组织，因不满清政府的统治与压迫，以反清复明为口号进行了多次武装斗争，但都以失败而告终。舟山地区的“洪门”在多次反抗清朝统治时受到打击和镇压，高山老林和江河流域等地成为他们的暂居地，后来由于清政府的镇压，部分洪门势力投靠了清政府，并成为清政府海上河道运粮的护卫，基本在江河流域活动。

随着社会的发展，政治的稳定，忙于参加生产劳动的渔民也渐渐淡化了船拳的练习，久而久之船拳将近失传。1984 年，全国开展了一场中国武术普查运动，在普陀、岱山二县（区）渔农村调查摸底时，普查组从老渔民中了解到舟山有一种本土拳种创始于吴越春秋，名曰船拳。普查人员通过老渔民示范演练并进行了反复研究与整理，基本呈现了船拳套路的雏形。

船拳极具海岛特色和浓郁的生活气息，且对强身、护体和全民健身运动具有较好的促进作用。舟山船拳兼收各派之长自成一脉，似南拳又非南拳，具有体用兼备、内外兼修、短兵相接、刚劲有力、神形合一、步势稳健、躲闪灵活的特点。进攻时出招敏捷，收招迅速；防御时以手为主，似开似闭，以身为轴，原地转动。船拳十分注重腿部、臀部和腰部的运动，步法极重马步，以求操拳时稳健，经得起风浪颠簸。腿部是发力的重点，故十分重视转腰、甩腰、下腰的动作。船拳十分重视马步转弓步、弓步转马步的动作，以体现进则带攻，攻则带躲闪的特点。[①]朱萍作为浙江省非物质文化遗产传承人，她在谈及舟山船拳时深有体会地说："舟山船拳套路不同于太极拳，舟山船拳动作以身为轴，以原地转动为主，注重腿部、臀部和腰部的运动；步法极注重马步，以求操拳时稳健，经得起风浪颠簸。舟山船拳以童子拜佛为起势，共分四段，二十八个招式。该拳连起势和收势在内共有三十个动作，整个套路集踢、打、摔、拿于一体，招式短小精悍，手法多变，步法稳健，动作紧凑、劲力刚健，快慢相间、气沉丹田，在演练时以刚为主，以柔为辅，出手居中，注意门户，攻防兼备，是一种实用性较强的传统套路。"[②]朱萍作为船嫂对船拳有着特殊的感情，她自己做教练，将船拳传授给船拳爱好者，已培训船拳习练者 100 多人，同时通过对船拳不断的探索与研究，重新编排了船拳套路，现在经她带出的"舟山船拳"徒弟遍及沈家门、东港、虾峙、桃花岛、六横岛、朱家尖等地，使舟山船拳遍地开花，后继有人。

① 刘小明，2013. 论越地民俗体育［J］. 体育文化导刊，（8）：113–115.

② 《岱山县高亭镇民间文化船拳概况摘录（舟山船拳）》http：//www.zslook.com/thread–2888–1–1.html .

二、拳术理论

（一）戚继光的《纪效新书》

戚继光是南兵拳的始创者，著有《纪效新书》共18卷，戚继光在《纪效新书·比较武艺赏罚篇》中提出：①训练要循序渐进，不能一蹴而就，冰冻三尺非一日之寒，训练的量和强度要逐渐增加，这样士兵的体能和技能都会逐步进步，不会觉得太苦、太累，目标不能太高，通过克服困难，努努力就能达到目标，同时也不容易积劳成疾，出现因训练而受伤等情况。②训练方法上提出“三力”法。三力是指“手力、脚力、身力”，他指出：“凡人之血气，用则坚，怠惰则脆。劳其筋骨，饿其体肤，君相亦然，况于兵乎。”士兵使用的兵器分为轻重两个等级，在平时训练时用较重的兵器，要熟练使用，在临阵杀敌时用轻便的兵器，这样在杀敌时其速度和力量更能发挥效果。这种方法可用于练习手力，和现代的力量训练类似。脚力是指在平时练习时“如古人足囊以沙，渐渐加之，临敌去沙，自然轻便。是谓练足之力也”。这种方法类似于现代的绑沙袋跑步或下肢负重跑。身力是指在平时训练时士兵们着重甲、负荷重物进行练习，在上阵杀敌时自然会进退自如，这就是现代训练的负重练习。戚继光的训练方法和方式非常科学有效，对现代训练思想也有一定的参考价值。

戚继光在《纪效新书·拳经捷要篇》中写道：“拳法似无预于大战之技，然活动手足，惯勤肢体，此为初学入艺之门也……”他把拳术作为学习其他武艺的基础，无论是学习刀枪剑戟，还是弓棍钩镰，都是以拳术为基础。而拳术的学习还有讲究：“身法活便，手法便利，脚法轻固，进退得宜，腿可飞腾，而其妙也，颠起倒插；而其猛也，披劈横拳；而其快也，活捉朝天；而其柔也，知当斜闪。故择其拳之善者三十二势，势势相承，遇敌制胜，变化无穷，微妙莫测。窈焉冥焉，人不得而窥者，谓之神。”他强调打拳要出其不意，速度要快，三十二势势势相连，招招相扣，在实战中还要灵活多变。

戚继光在军事训练中强调反对“花拳绣腿”，即所谓的“花架子”，军队中的训练就是要实打实的实战，他总结出关于射箭的基本动作图——“实握射图”和

“掌心推射图”，供士兵们参观学习，提高他们的射箭水平。同时，在枪法上，他提倡“封、闭、捉、拏、上拦、下拦”六种枪法，而且除了射箭、枪法外，对“盾牌、腰刀、长刀、偃月刀”等长短兵器都有所训练，他认为只有掌握每种兵器的主要特点和基本动作，结合实战训练才能发挥其最大的作战能力。他训练的主要思想就是要实而不华、简单实用，在战场上是生死较量，要能够快速制敌。

他编写完《纪效新书》后，在蓟镇练兵时又撰写了《练兵实纪》。此书包括正集9卷，附杂集6卷，内容涉及广泛，包括士兵的选拔、部队的编制、武器装备、军力军法、将帅修养、旗帜金鼓、步骑车兵的编排及训练等，正集前四卷侧重单兵训练，五至八卷侧重营阵讲解，如“军器解”“车步骑营阵解”等。第九卷及杂集等讲解了将帅的选拔培养、应具备的条件等，如“将官到任宝鉴”“登坛口授”等。[①]

（二）黄百家的《内家拳法》

黄百家是黄宗羲之子，黄宗羲曾撰《王征南墓志铭》，记述王征南的拳射之术。黄宗羲去世后，黄百家在前人的基础上进行了总结和研究，编写了《王征南先生传》，即《内家拳法》，其被清代张潮撰写的《昭代丛书别集》收录。在黄百家的《内家拳法》中记载：“其拳法应敌打法名色若干、穴法若干、所禁犯病若干。而其要则在乎炼。炼既成熟不必顾盼拟合，信手而应，纵横前后，悉逢肯綮。其练法有：炼手者三十五，炼步者十八，而总摄于六路与十段锦之中，各有歌诀。”书中记录甚为详细，心险者、好斗者、狂酒者、轻露者以及骨柔质钝者五不可传，应敌打法有长拳滚斫、分心十字、摆肘逼门、迎风铁扇、弃物投先、推肘捕阴、弯心杵肋、舜子投井等七十二跌。搏人必以其穴，有晕穴、哑穴、死穴，相其穴而轻重击之，或晕，或哑，或死；调正姿势而有懒散、迟缓、歪斜、寒肩、老步、腆胸、直立、软腿、脱肘、截拳、扭臀、曲腰、开门捉影、双手齐出十四禁犯病法；拳法之要，全在于练。练手者有斫、削、斜、磕、靠、掳、逼、抹等三十五手；练步者有追步、逼步、斜步、坐马步、钩马步、连枝步、仙人步、分身步等十八步。内家拳六路歌诀是：“佑神通臂最为高，斗门深锁转英豪。仙人立起朝天

① 凌懿文，2012. 浙江传统武术简史［M］. 北京：学苑出版社，42.

势，撤出抱月不相饶。扬鞭左右人难及，煞锤冲掳两翅摇。”内家拳十段锦歌诀第一段是：“立起坐山虎势，回身急步三追。架起双刀敛步，滚斫进退三回。分身十字急三追，架刀斫归营寨。扭拳碾步势如初，滚斫退归原路。八步韬随前进，滚斫归初飞步。金鸡独立紧攀弓，坐马四平两顾。”在书中还阐明了六路和十段锦的关系，他认为：六路与十段锦相似，是一紧一放的区别，练习六路可以使筋骨紧，练习十段锦先使筋骨紧后使筋骨放开，强调了练习内家拳的关键是“敬、紧、径、劲、切”这5个字，要领悟透彻它们的内涵。

关于内家拳法更早的记录是在四明丛书本《四明文征》卷十六，题为《搏者·张松溪传》，是沈一贯写的。沈一贯（1537—1615年），字肩吾，又字不疑、子唯，号蛟门，越地鄞县人，万历年间著名大臣。张松溪练武有所谓“五字诀”——勤、紧、径、敬、切。前三字相传为老师所授，后两字为自己所创。[①]关于五字诀的含义，沈一贯说：“余尝以所闻妄为之解。曰勤者。盖早作晏休。练手足力。少睡眠。薪水井臼必躬。陶公致力中原。而恐优逸不堪。以百甓从事。此一其素也。曰紧者。两手常护心胸。行则左右护胁。击刺勿极其势。令可引而还。足缩缩如有循。勿举高蹈。阔丁不丁。八不八。可亟进。可速退。心常先觉。毋令智昏。立必有依。勿虚其后。众理会聚。百骸皆束。猬缩而虎伏。兵法所谓始如处女。敌人开户者。盖近之。曰径。则所谓后如脱兔。超不及距者。无再计。无返顾。勿失事机。必中肯綮。既志其处。则尽身中一毛孔力。咸向赴之。无参差。若猫捕鼠。然此三字。则击刺之术尽矣。曰敬者。儆戒自将。勿露其长。好胜者。必遇其敌。其防。其防。温良俭让。不忮不求。何用不臧。曰切者。千忍万忍。掐指咬齿。勿为祸先。勿为福始。勿以身轻许人。利害切身。不得已而后起。一试之后。可收即收。不可复试。虽终身不见其形。不成其名。而亡所悔。盖结冤业者。永无释日。犯王法者。终无贯期。得无慎诸。”黄百家的《内家拳法》对内家拳的发展起到了承上启下的作用，他把前辈的拳术经验以及自身的感觉总结成文字记录下来，为研究内家拳做出了重大贡献。

---

① 张如安，1988. 内家拳大师张松溪生平辨误［J］. 体育文化导刊，8：28–30.

第四章　越地民俗与休闲体育文化

民俗，是广大民众日常生活的风俗习惯，也是一种重要的文化现象，它产生并传承于民间，包括物质生活和精神生活等多种民俗事项。很多学者对民俗体育的概念进行了研究，涂传飞等人认为：民俗体育是由一定民众所创造，为一定民众传承和享用，并融入和依附于把民俗体育定义为民众日常生活的风俗习惯（如节日、礼仪等等）之中的一种集体性、模式化、传统性、生活化的体育活动，它是一种体育文化，也是一种生活文化。[①]传统节日的产生源于人们对自然的认识和尊重，人们通过各种各样的形式，在节日中表达着对幸福生活的积极向往和执着追求，是人们基于生活、原始崇拜以及为了适应生活需要而创造出来的民俗文化，具有深厚的自然内涵和人文内涵，渗透着中华民族灿烂的文化底蕴和精彩的智慧文明。在历史发展与演变过程中，由于朝代更迭、社会变迁、历法变动，虽然有些节日在日期上有所改变，但被传承下来的节日庆祝活动的内容丰富多彩，形式多种多样，有些节俗活动的形式流传至今。节俗活动清晰地记录着古人丰富多彩的社会生活内容，它是中华民族悠久历史文化中不可或缺的重要组成部分。

① 涂传飞，陈志丹，严伟，2007. 民间体育、传统体育、民俗体育、民族体育的概念及其关系辨析［J］. 武汉体育学院学报，41（8）：24–31+51.

第一节　越地民俗体育文化

越地独特的风土人情是从古代先民的祭祀、祈福中不断发展演变而来的，人们利用断发文身、图腾崇拜等原始习俗来躲避野兽的侵害，利用各种身体活动表达对狩猎成功和节庆的喜悦等，久而久之就形成了各种习俗和传统。[①]因此，越地的民俗体育有着自身特征，其形成与当地的地理环境、风俗习惯、文化传统、社会环境等息息相关。

一、清明踏青

踏青，又叫春游、探春、寻春，指人们在花草返青的春天结伴到郊外原野远足踏青。踏青在我国由来已久，踏青之俗在汉代就已经形成，到了唐代更为盛行，而古人踏青的内容相当丰富多彩。人们会趁着春光结伴来到郊外一起观赏山川风光，游览名胜古迹，带着食物进行野炊，采摘百草、放风筝等。和志趣相投的朋友一起踏青既可以锻炼身体，还可以在青山绿水间陶冶自己的心情。正因如此，踏青一直受到历代文人墨客的喜爱，他们吟诗作赋，为春游大抒雅怀。例如，唐代杜甫的《绝句》："江边踏青罢，回首见旌旗。风起春城暮，高楼鼓角悲。"

踏青不仅在唐朝受到文人墨客的追捧，早在《韩诗》中就有记载："三月桃花水之时，郑国之俗，三月上巳于溱、洧两水之上，执兰招魂，祓除不祥也。"三月三的踏青之俗一直很受欢迎。到了东晋，"书圣"王羲之曾在永和九年（公元353年）三月三日与谢安、孙绰等人，在会稽山阴的兰亭相聚，一边流觞宴饮，一边赋诗，写出了流传千古的名作《兰亭序》："永和九年，岁在癸丑，暮春之初，会于会稽山阴之兰亭，修禊事也。群贤毕至，少长咸集。此地有崇山峻岭，茂林修竹，又有清流激湍，映带左右，引以为流觞曲水，列坐其次。虽无丝竹管弦之盛，一觞一咏，亦足以畅叙幽情。"这段文字描写的主要是春日里邀约好友一起踏

① 刘小明，2013. 论越地民俗体育［J］. 体育文化导刊，（8）：113–115.

青、喝酒、赋诗。

南宋时期踏青风俗更胜,《武林旧事·卷三·西湖游幸 都人游赏》中记载:“西湖天下景,朝昏晴雨,四序总宜。杭人亦无时而不游,而春游特盛焉。”清明是祭祖扫墓的日子,人们趁着扫墓出城,《武林旧事·卷三·祭扫》中记载:“若玉津富景御园,包家山之桃,关东青门之菜市,东西马塍,尼庵道院,寻芳讨胜,极意纵游,随处各有买卖赶趁等人,野果山花,别有幽趣。盖辇下骄民,无日不在春风鼓舞中,而游手末技为尤盛也。”据《梦粱录·卷十二·湖船》记载:“若四时游玩,大小船支,雇价无虚日。遇大雪亦有富家玩雪船。如二月八及寒食清明,须先指挥船户,雇定船只。若此日分舫船,非二三百券不可雇赁。至日,虽小脚船亦无空闲者。”三月清明,桃红柳绿,踏青之游阗集于南北两山之间,《梦粱录·卷二·清明节》记载:“宴于湖者,则彩舟画舫,款款撑驾,随处行乐。此日又有龙舟可观,都人不论贫富,倾城而出,笙歌鼎沸,鼓吹喧天。”从这些记载中可以看出,人们在春日里外出郊游会友是一种娱乐休闲的民俗体育活动。

明清以来,踏青的风俗依然流行,明代田汝成的《西湖游览志余·卷二十》记载了当时杭州清明踏青的百戏活动:“是日,倾城上冢,南北两山之间,车马阗集而酒尊食罍,山家村店,享馂遨游,或张幕藉草,并舫随波,日暮忘返。苏堤一带,桃柳阴浓,红翠间错,走索、骠骑、飞钱、抛钹、踢木、撒沙、吞刀、吐火、跃圈、筋斗、舞盘,及诸色禽虫之戏,纷然丛集。”《温州府志》记载:“亲朋扫墓而祭,多有邀亲朋,挈舟击鼓铿金类游湖者。”《杭州府志》中记载:“二月花朝以往,士女急先出郊,谓之探春。画舫轻舟,栉比鳞集,先南屏,次放生池、湖心亭、岳王坟、卢舍庵,后入西陵桥、放鹤亭、比来皋亭山、刘坟村。每当春日,桃花盛放,一望如锦,游人多问津焉。”《金华府志》记载:“清明日,人家门户插柳枝,长行赏郊外名曰踏青,前后十余日祭扫先坟。”而在绍兴每年都有祭禹活动,据《绍兴府志》记载:“三月五日,俗传禹生之日,禹庙游人最盛。无贫贱富贵,倾城俱出。士民皆乘画舫,丹垩鲜明,酒樽食具甚盛。宾主列坐,前设歌舞。小民尤相矜尚,虽非富饶亦终岁储蓄,以为下湖之行。春欲尽,数日游者益众。千秋观前一曲亭亦竞渡不减西园,至立夏日止。”无论清明也好,平时也罢,大家对踏青都非常喜欢。

直到现在，踏青仍然是人们喜爱的一种活动，每到春天，阳光明媚，微风拂面之时，得到片刻闲暇，约上好友驾上爱车，一起去踏青，玩耍累了，搭上烤架，拿出食物，围坐在一起，一边吃着烤肉，一边天南海北地聊聊，想想就非常惬意。踏青既是繁忙生活中的一种解压活动，也是放下电子产品，和朋友增进感情，融入大自然的一种方式。

二、重阳登高

九九习俗源于战国，古人将天地归于阴阳，阴即黑暗、沉寂，阳即光明、活力，奇数谓阳，偶数谓阴；九乃阳数之首，九月初九，双阳相叠，故称重阳。加上“九”“久”谐音，重阳从一开始便是欢愉之词。曹丕的《九日与钟繇书》中写道：“岁往月来，忽复九月九日。九为阳数，而日月并应，俗嘉其名，以为宜于长久，故以享宴高会。”将重阳与登高结合在一起相传是在东汉时期出现的，据吴均的《续齐谐记》记载：“汝南恒景随费长房游学累年。长房谓曰：‘九月九日，汝家中当有灾，宜急去，令家人各作绛囊，盛茱萸以系臂，登高饮菊花酒，此祸可除。’景如其言，举家登山。夕还，见鸡、犬、牛、羊一时暴死。长房闻之，曰：‘此可代也。’今世人九日登高饮酒，妇人带茱萸囊，盖始于此。”恒景按照费长房的话去登山插茱萸，饮菊花酒，回到家后，发现鸡狗牛羊都死了，民间从此开始了九月九日外出登高。① 在唐代的《初学记》和宋代的《太平御览》中都转述了这个故事，后来重阳时节登高远望、饮菊花酒、妇人插茱萸就形成了一种民间习俗，人们认为重阳登高不仅可以避免灾难，还可和家人相聚，象征着美好的寓意。

魏晋南北朝时期，重阳登高就很受欢迎了。《千金月令》中记载：“重阳之日，必以肴酒登高眺远，为时宴之游赏，以畅秋志。”王彪之的《绍兴府部艺文二·登会稽刻石山》和释洪偃的《若耶山》中也有相关记载。南北朝时著名的山水诗人谢灵运出生于会稽始宁（今上虞），后出任永嘉郡守，他非常喜爱登高，作为登山爱好者，他去过很多地方登山，常在登山时有感而发作诗来抒发情感，“所至，即

① 陈昌怡，谭华，1990. 古代体育寻踪［M］. 北京：人民体育出版社，99–100.

为诗咏以致其意”，如《登池上楼》《登江中孤屿》《石壁精舍还湖中作》《七里濑》《富春渚》《入彭蠡湖口》《登永嘉绿嶂山诗》《游南亭》《陇西行》《登庐山绝顶望诸峤》《从斤竹涧越岭溪行》《三月三日侍宴西池》《晚出西射堂》《游赤石进帆海》《邻里相送进方山》《游岭门山》《过白岸亭》《夜宿石门诗》《雁荡山》《石室山》《登石门最高顶》《登上戍石鼓山》《于南山望北山经湖中瞻眺》《泰山行》《石门岩上宿》《过瞿溪山饭僧》《行田登海口盘屿山》《舟向仙岩寻三皇井仙迹》《邵东山望海》等，共有 30 多首，可见他攀登过的山之多。

唐代朝廷正式把重阳批准为节令，从此重阳登高更加普及，唐代关于登高的诗作也有很多。李白作为唐代诗仙，也很喜欢登山，他关于登山的诗作有《登金陵凤凰台》《登高丘而望远》《登敬亭山南望怀古赠窦主簿》《登太白峰》《秋登巴陵望洞庭》《奔亡道中五首》等，从其作诗的记录上看，越地的很多山他都攀登过。除了李白喜欢登山外，白居易、杜牧、杜甫等也比较喜爱登山，并留下了很多关于登高的诗作。人们在重阳登高的时候，还会插茱萸，饮菊花酒，唐代王维的《九月九日忆山东兄弟》：“独在异乡为异客，每逢佳节倍思亲。遥知兄弟登高处，遍插茱萸少一人。”其很具有代表性，描写了年少的王维独自在外，在重阳节时倍感孤独，非常思念家乡和亲人之情。古人把茱萸当作驱邪的神物，在重阳节佩戴以驱邪，饮菊花酒来增加健康。它与端午插艾叶、饮雄黄酒来驱灾辟邪，希望健康长寿的想法一样。

宋代登山插茱萸的习俗有些淡化，相对盛行赏菊。越地山脉连绵，水域纵横，这就为登高提供了极大的方便，因此，在南宋重阳登高、赏菊、饮菊花酒很盛行。据《嘉泰会稽志·卷第十三·节序》记载：“重九亦相约登高，佩萸泛菊，不甚食糕而多食栗粽。”《梦粱录·卷五·九月》也有相关记载：“今世人以菊花、茱萸，浮于酒饮之，盖茱萸名‘辟邪翁’，菊花为‘延寿客’，故假此两物服之，以消阳九之厄。年例，禁中与贵家皆此日赏菊，士庶之家，亦市一二株玩赏。”《武林旧事·卷三·重九》也有记载：“禁中例于八日作重九排当，于庆瑞殿分列万菊。”菊花是我国花中四大君子之一，不但具有很好的观赏价值，还具有很多食用价值和药用价值，古人认为菊花具有护肝明目、疏风散热、消除百病的功效，所以饮菊花酒之人甚多。

明清时期登高活动仍很流行，人们已经把它当作一种朋友聚会、陶冶情操的活动，据明代田汝成的《西湖游览志余·卷二十》记载：“重九日，人家糜栗粉和糯米伴蜜蒸糕，铺以肉缕，标以彩旗，问遗亲戚。其登高饮燕者，必簪菊泛萸，犹古人之遗俗也。”人们比较重视重阳节，会提前做好充足准备，登高必备的吃食等一应俱全。申时行在他的《吴山行》中写道：“九月九日风色嘉，吴山胜事俗相夸。阖闾城中十万户，争门出郭纷如麻。拍手齐歌太平曲，满头争插茱萸花。”描写了人们头插茱萸相继登山的情景，可见当时重阳登高的习俗。清代时期关于登高的记载也有很多，《清嘉录》中记载杭州人登吴山时的情景：“登高，旧俗在吴山治平寺中，牵羊赌彩，为摊钱之戏。今吴山顶机王殿，犹有鼓乐酬神喧阗日夕者。或借登高之名，遨游虎阜，箫鼓画船，更深乃返。”在《金华府志》中也有相关记载：“九月九日佩萸、泛酒，蒸米作五色糕。士人或具酒榼游山登高会。”《象山县志》中记载：“重阳，士人登高、燕赏，以茱萸泛酒，各家制牡丹糕、方粽，亲戚转相馈遗。”从文献记载中我们了解到，越地的重阳登高和山东地区有些相似，重阳登高时，插茱萸、带糕点、喝菊花酒。

现代登高游乐活动也很盛行，登高不仅是重阳节的活动，也是人们平时锻炼身体、陶冶情操、释放压力的方式之一。毛泽东在越地考察时，在工作之余先后登上莫干山、玉皇山等西湖周边的群山，并留有诗句为证。《七绝·莫干山》：“翻身复进七人房，回首峰峦入莽苍。四十八盘才走过，风驰又已到钱塘。”《七绝·五云山》：“五云山上五云飞，远接群峰近拂堤。若问杭州何处好，此中听得野莺啼。”《五律·看山》：“三上北高峰，杭州一望空。飞凤亭边树，桃花岭上风。热来寻扇子，冷去对佳人。一片飘飖下，欢迎有晚鹰。”通过诗词我们可以体会诗人登山后的愉悦心情，把登山时的意境与感受通过诗句跃然于纸上，让人仿佛身临其境。

20 世纪中期，竞技登山运动传入我国，由于我国本就有登山的基础，竞技登山运动在我国发展迅速，2004 年浙江也成立了登山协会。随着竞技登山运动的发展，20 世纪 90 年代民间登山运动开始崛起，群众性登山健身运动蓬勃发展，人们不仅在平时结伴登山旅行，还出现一些经常和朋友一起登山旅行的自由登山爱好者，而且从登山运动中逐渐衍生了一些新兴项目，如山区健行，攀岩、山地户外运动、峡谷运动，野外生存，洞穴探险、露营滑雪登山和拓展等。中国风景名胜区协会联合国家体育总局中国登山协会共同打造“中国健身名山登山赛”，其有以下特点：一是国内高水平登山赛事；二是普通群众皆可参加的登山竞赛；三是与赛事密切衔接的风景名胜区系列户外主题文化活动。在赛事的带动，以及各省市登山协会和国家体育总局的号召下，我国各地积极组织开展各种大型群众性登山户外活动，如新年登高、群众登山健身大会、露营大会等，大大推动了群众登山健身运动的发展。

三、拔河

早在春秋战国时期，有一种最初用来配合水战的工具牵钩，也叫钩强。在《墨子·鲁问》中记载：“昔者楚人与越人舟战于江，楚人顺流而进，迎流而退，见利而进，见不利则其退难。越人迎流而进，顺流而退，见利而进，见不利则其退速。越人因此若執，亟败楚人。公输子自鲁南游楚，焉始为舟战之器，作为钩强之备，退者钩之，进者强之，量其钩强之长，而制为之兵，楚之兵节，越之兵不节，楚人因此若執，亟败越人。”由于楚国运用这种工具击败了越军，所以由“钩强”演变而成的“施钩之戏”，首先流行于楚国。拔河的雏形就是水上作战的这种“牵钩”。而封演的《封氏闻见记·卷六·拔河》中也有记载：“拔河，古谓之牵钩。襄汉风俗，常以正旦望日为之。相传楚将伐吴，以为教战。梁简文临雍部，禁之而不能绝。”在后世的传承过程中，牵钩逐渐演变为娱乐活动形式——拔河。

南朝时期梁宗懔的《荆楚岁时记》中有记载：“为施钩之戏，以绠作篾缆相罥，绵亘数里，鸣鼓牵之。”拔河在春秋战国时期最初用于军事作战，随着社会的更替与发展，到隋朝时其演变为一种祈禳农业丰收的民俗活动。《隋书·地理志下》中有“俗云以此庆胜，用致丰穰”的记载，指出拔河运动在当时已经有了娱神的意味，人们在春季播种时进行拔河，祈求秋季丰收，当时这种娱神思想占有很重要的地位。

唐朝时期是拔河发展的鼎盛时期，拔河从民间传入宫廷，成为宫廷活动的内容之一。唐中宗很喜欢观看体育表演，不仅组织过马球赛，还组织过宫女进行拔河比赛。据《新唐书·卷四·本纪第四》中记载："三年二月己丑，及皇后幸玄武门，观宫女拔河，为宫市以嬉。"唐中宗还让官员们参与拔河之戏，据《封氏闻见记·卷六·拔河》中记载："时七宰相、二驸马为东朋，三宰相、五将军为西朋。东朋贵人多，西朋奏'胜不平'，请重定，不为改，西朋竞输。仆射韦巨源、少师唐休璟年老，随絙而踣，久不能兴。上大笑，左右扶起。"西朋由于人数少，且年岁大输了比赛，仆倒在地，好久才爬起，引得皇帝哈哈大笑。虽然是表演，可见当时在宫廷中拔河是常见的，且主要以娱乐为主。唐玄宗李隆基在位时，在元宵节举行大型拔河比赛，而这次大型拔河比赛用来祷求风调雨顺，由此确定了拔河的宗教性质。《封氏闻见记·卷六·拔河》中记录了薛胜的《拔河赋》写作情况："玄宗数御楼设此戏，挽者至千余人，喧呼动地。蕃客士庶观者，莫不震骇。进士河东薛胜为《拔河赋》。其词甚美，时人竞传之。"唐玄宗的《御定全唐诗·卷三·观拔河俗戏》中记载："壮徒恒贾勇，拔拒抵长河。欲练英雄志，须明胜负多。噪齐山岌案，气作水腾波。预期年岁稔，先此乐时和。"通过描写热闹壮观的拔河场面，既表达了民众希望国泰民安、风调雨顺的祈求，也表达了对农业丰收的愿望与期待。同时，也想通过这种声势浩大的场面表达对神灵的敬畏、感化之情，是一种祭祀祈福方式。张说曾奉皇帝之命作诗《御定全唐诗·奉和圣制观拔河俗戏应制》："今岁好拖钩，横街敞御楼。长绳系日住，贯索挽河流。斗力频催鼓，争都更上筹。春来百种戏，天意在宜秋。"诗中传神地描绘了拔河的场景，勾画出人们拔河时的竞争意识，最后点明了人们通过拔河祈禳农业丰收的寓意和太平丰稔的愿望。关于拔河比赛所用工具与判法也有记载。据封演所著的《封氏闻见记·卷六·拔河》中记载："古用篾缆，今民则以大麻絙，长四五十丈，两头分系小索数百条，挂于前。分二朋，两朋齐挽。当大絙之中，立大旗为界，震鼓叫噪，使相牵引。以却者为胜，就者为输，名曰拔河。"这里记载的背向拔河形式与现代面对面的形式不同，虽然判断输赢的依据说法不同，其实质结果却是一样的。

宋代拔河还是比较盛行的，与拔河有关的诗句也有很多，如晁说之的《至河中首访鬼拔河图有画人云因陆学士移其壁》："坎坎分明拔河戏，盛在北朝唐尚尔。"苏颂的《和诸君观画鬼拔河》："关中古有拔河戏，传闻始盛隋唐世。长絙百尺人两朋，递以勇力相牵制。"都是关于拔河的描写。梅尧臣的《和江邻几学士画鬼拔河篇》："蒲中古寺壁画古，昼者隋代展子虔。分明八鬼拔河戏，中建二旗观却前。"也是拔河戏盛况的记载。宋代高承的《事物纪原》中还有关于儿童拔河的记载："今小儿两头拽索而对挽之，力强者索，弱者而仆，则以为胜负。此唐时清明拔河之戏也。"这里的记载表明拔河不仅有娱神、祈求丰收之意，从唐朝时期开始，拔河就是清明节时的民俗活动了。南宋的祝穆年轻时经常于吴、越、荆、楚之间往来，所到必登高探幽，临水揽胜，遍访民情风俗，这都成为他撰写地方志的素材。他的地方志《方舆胜览》中有关于拔河的描写："拔河之戏，以麻絙巨竹分朋而挽水，谓之拔河，以定胜负，而祈农桑。"记载了当地人们以拔河庆祝丰收的场景。

据资料记载，浙江省立民众教育馆中提倡和推广的民间体育项目就有拔河，[①] 抗战胜利后，民众体育进一步得到恢复和发展，到 1946 年，浙江省立体育馆举办的各项体育活动有 142 项，其中大型赛事中就有拔河赛。而此时浙江民间的体育活动也很丰富，有举石担、跳绳、踢毽子、荡秋千、拔河、踏高跷等。1937 年，在浙江第五届省运会上，为了提倡公务人员的体育精神，大会增设了拔河项目。1937 年宁波海曙举办了第三届全县运动会，拔河项目是运动会的团体竞赛项目。1947 年元旦，在杭州市举办的"元旦体育表演赛"的小学生比赛项目中也设有拔河比赛。

中华人民共和国成立后，随着经济发展，浙江省的体育运动得到了迅速发展。1949 年，杭州首次举办了由 16 支队伍 500 多人参加的拔河比赛，场面很壮观。1951 年在绍兴大教场举行人民体育大会，比赛项目有田径、篮球、排球、乒乓球、网球、拔河、负重接力等。2010 年，浙江首届体育大会在丽水举办，其中有 11 支代表队参加了拔河项目的比赛，设有女子 250 公斤级、男子 600 公斤级和男子 640 公斤级 3 个级别。拔河项目作为浙江省体育大会的比赛项目之一，每四年举办一次，设置有女子560公斤级、男女混合600公斤级、男子640公斤级等级别的比赛。在很多行业比赛中也都设有拔河比赛，如浙江省第三届女子体育节、浙江省第九届机关运动会、"我要上全运"浙江省社区运动会拔河公开赛等。

从 1900 年起的连续 5 届奥运会中，拔河都是比赛项目之一，被归入田径范畴，

---

① 曹守和，2014. 浙江体育史［M］. 杭州：杭州出版社，118.

1920 年安特卫普奥运会后，国际奥委会考虑到缺乏基本的体育比赛条件，因而取消了奥运会的拔河比赛。虽然不在奥运比赛项目之列了，但是民间的拔河比赛一直都很受欢迎，它也是全民健身推广的民众体育项目之一。在学校，拔河比赛开展得也很火热，很多中小学都在课余定期组织班级间的拔河比赛，或作为运动会的比赛项目，或单独作为比赛项目，很受中小学生的欢迎。

四、端午竞渡

龙是中华民族的象征。龙舟竞渡是中国古老的民间传统体育活动之一。关于龙舟竞渡的起源有几种说法：有说法认为龙舟竞渡产生于原始时代，人们认为五月初五是“恶月恶日”。遇到这种不吉利的日子，人们往往去求“神”保佑。吴越人会在端午这一天举行祭祀龙的盛大仪式，把食物装进竹筒里，或用树叶包裹，扔进水里，给龙吃，还敲着鼓，划着刻成龙形的独木舟，在水上竞渡，让龙看了高兴。这大约就是最早的端午龙舟竞渡了。[①] 闻一多先生在《端午考》一文中指出，端午龙舟竞渡之俗源于古越族人的图腾崇拜。古越族人以龙为图腾，每年五月五日要举行盛大的图腾祭，其中一项重要活动就是开展龙舟竞渡。“关于端午的记载，最早没有超过东汉，而事实上吴、越一带的开辟也是从这时开始的。因此我们可推测，端午可能最初只是长江下游吴、越民族的风俗，自从东汉以来，吴、越地域渐被开辟，在吴、越文化与中原文化的对流中，端午这节日才渐渐传播到长沙上游以及北方各地。”[②] 根据闻一多先生的考证和观点，人们通过祭祀、划龙舟等活动来取悦龙，龙舟竞渡起源于古越族人的祭祀活动还是比较令人信服的。

吴越人有“断发文身”的风俗，《史记·卷三十一·吴太伯世家》：“文身断发，示不可用。”刘向的《说苑·奉使》中说越人：“彼越亦天子之封也。不得冀、兖之州，乃处海垂之际，屏外蕃以为居，而蛟龙又与我争焉。是以剪发文身，烂然

---

① 陈昌怡，谭华，1990. 古代体育寻踪［M］. 北京：人民体育出版社，133.

② 闻一多，1997.《神话与诗》［M］. 上海：华东师范大学出版社 .

成章以像龙子者，将避水神也。”这些记载表明吴越人断发文身是为了把自己打扮成龙的儿子，而且每年在五月五日这一天，荡着刻有龙形的独木舟举行盛大的图腾祭祀活动。明顾起元在《说略·卷四·金陵业书丁集令二·时序》中记载：“越地传曰竞渡起于越王勾践，今龙船是也。”越王勾践卧薪尝胆，复仇兴国，以竞渡形式训练水兵，越人怀之，以龙舟竞渡作为纪念。另外，民间长期流传的说法还有龙舟竞渡起源于纪念春秋战国时两位著名的英雄志士。一位是楚大夫屈原，其因楚王昏庸、祖国沦丧而投汨罗江，以身殉国，人们划船寻找他，在江中祭奠他。据《太平寰宇记·卷一四五·道四·风俗》记载：“襄阳风俗记曰，屈原五月五日投汨罗江，其妻每投食于水以祭之。原通梦告妻，所祭食皆为蛟龙所夺。龙畏五色丝及竹，故妻以竹为粽，以五色丝缠之……又原五日先沉，十日而出。楚人于水次迅楫争驰，棹歌乱响，有悽断之声，意存拯溺，喧震川陆。风俗迁流，遂有竞渡之戏。”《襄阳县志·杂类志卷七·隋》中记载：“屈原以五月五日赴汨罗，士人追至洞庭不见，湖大船小，莫得济者，乃歌曰：‘何由得渡湖。’因尔鼓棹争归，竞会亭上，习以相传，为竞渡之戏。”另一位是春秋后期吴国名臣伍子胥。隋人杜公瞻在《荆楚岁时记注》中记载：“《曹娥碑》曰：‘五月五日，时迎伍君，逆涛而上，为水所淹。’斯又东吴之俗，事在子胥，不关屈平也。”伍子胥作为吴国重要的谋臣，为吴国的振兴出了大力，但最终遭谗言陷害，被吴王赐剑自杀，尸体被扔到钱塘江。伍子胥死后英灵不泯，化为波神，每年五月五日前后在钱塘江口卷起滔天巨浪和不尽狂潮。吴人怜其冤死，竞相在此时划舟踏浪以迎伍子胥神灵，名曰“迎伍君”。

以上传说一方面反映了体育文化来自生活，体现了人们对美好生活的向往和古代先民自我保护的智慧，另一方面体现了古代体育中所蕴含的教育思想，即寓教于乐，在热热闹闹的体育活动中缅怀本土英雄忠臣，培养优良的思想品德，爱家乡，爱民族，爱国家。从出土文物上考察龙舟竞渡的起源是最具有说服力的，1976 年鄞县出土了一件春秋时期的青铜钺，鄞县是春秋时期鄞国的旧地，后被越国吞并，这件铜钺的造型具有明显的越文化的风格，属于越族铜器。铜钺的一面为素面，另一面有图案，在边框的上方有两道相同的龙纹，前肢弯曲，尾向内卷，昂首向天。下方以边框为底线，表示狭长的轻舟，上坐 4 人，头戴羽冠，双手执桨划船。此铜钺图案被称为“羽人划船纹铜钺”，铜钺上的龙纹与划船纹图像明显表现了图腾崇拜的祭祀形式。

此种图纹形象在云南、广西、贵州等地出土的铜鼓上也有，这种铜鼓被称为“羽人划船纹铜鼓”。广西贵县出土的大铜鼓上画有 6 道船纹，每只船上坐有 6 人，均是头戴羽冠，5 人划桨，1 人在船头手执羽旗，船头船尾均有似龙形装饰。云南省广南县出土的大铜鼓上画有 4 道船纹，船身窄长，首尾高翘，船上坐有 7 人，头上束发似鸟尾，两人头戴羽冠，6 人手执桨划船，船尾设祭坛，1 人手持羽旗作祭祀状。这些铜鼓上的划船纹与鄞县出土的铜钺羽人划船图案基本上是一致的，船体都是窄而长，不似运输船，划船人或扎鸟尾或戴羽冠，不是生产劳动时的装束，也没有捕鱼的工具，划船者都是以坐姿划水，有竞速前进的意思。从这些图像上的动作来判断，羽人划船纹上的船，便是早期的竞渡船，船头的龙纹和鸟纹是图腾，应是各个图腾部落以竞渡的方式来祭祀祖先。据考证，广西、贵州、云南等地出土的铜鼓均属于“石寨山式铜鼓”，这类铜鼓的铸造年代为战国至东汉时期，较“羽人划船纹铜钺”的年代稍晚。从考古和史籍记载的传说来看，划船竞渡起源于春秋时代，是因居住在水域的人们进行图腾祭祀而形成的。

隋唐时期，江南地区端午举行的龙舟竞渡十分热闹。《隋书》描述：“迅楫齐驰，棹歌乱响，喧振水陆，观者如云。”可见龙舟竞渡不仅是一种竞赛活动，观看的群众也同样享受到乐趣。唐代的竞渡多在春秋两季举行，而且会持续几日，端午时期更是达到高潮，南唐刘崇远在《金华子杂编 · 卷上》中记载：“崔涓在杭州，其俗端午习竞渡于钱塘湖。每先数日即于湖浒排列舟舸，结络彩舰，东西延袤，皆高数丈，为湖亭之轩饰。忽于其夕，北风暴作，彩船汹涌，势莫可制。既明，皆逐风漂泊湖之南岸，执事者相顾莫之为计。须臾涓与官吏到湖亭，见其陈设，皆遥指于层波之外。大将愧惧，以彩舰联从，非人力堪制，无计取回。涓微笑曰：‘竞渡船共有多少？令每一彩舫系以三五只船，齐力一时鼓棹，倏忽而至，殊不为难。’观者叹骇，服其权智。”这个故事既说明了崔涓的聪明机智，也反映了当时西湖的竞渡场面很隆重，且龙舟的装饰也很豪华，可见当时端午龙舟竞渡的规模之大。

宋室南渡设临安为都后，江南本就是水乡，龙舟竞渡更为频繁。端午龙舟竞渡本就是吴越地区原有的习俗，加上统治者提倡，开展得更活跃，一年有两次龙舟竞渡。在《梦粱录 · 卷一 · 八日祠山圣诞》中记载，民间的龙舟竞渡是在庙会日举行。二月初八开始准备庆祝十一日的钱塘门外崇仁真君圣诞之辰，“初八日，西湖画舫尽开，苏堤游人，来往如蚁。其日，龙舟六只，戏于湖中。其舟俱装十太尉、七圣、二郎神、神鬼、快行、锦体浪子、黄胖，杂以鲜色旗伞、花篮、闹竿、鼓吹之类。其余皆簪大花、卷脚帽子、红绿戏衫，执棹行舟，戏游波中。帅守出城，往一清堂弹压。其龙舟俱呈参州府，令立标竿于湖中，挂其锦彩、银碗、官楮，犒龙舟，快捷者赏之。有一小节级，披黄衫，顶青巾，带大花，插孔雀尾，乘小舟抵湖堂，横节杖，声诺，取指挥，次以舟回，朝诸龙以小彩旗招之，诸舟俱鸣锣击鼓，分两势划棹旋转，而远远排列成行，再以小彩旗引之，龙舟并进者二，又以旗招之，其龙舟远列成行，而先进者得捷取标赏，声喏而退，余者以钱酒友犒也。”游人往来如蚁，表明这是群众喜爱的娱乐活动。而《武林旧事 · 卷三 · 西湖游幸　都人游赏》中叙述，宋孝宗曾陪太上皇赵构坐大龙舟游幸西湖，而都人在“探春”活动的同时也观看了西湖龙舟竞渡争标：“龙舟十余，彩旗叠鼓，交舞曼衍，粲如织锦。内有曾经宣唤者，则锦衣花帽，以自别于众。京尹为立赏格，竞渡争标。内珰贵客，赏犒无算。都人士女，两堤骈集，几于无置足地。”龙舟竞渡时，男女都争先恐后地去看，可见人们的喜爱程度。

明清时期的龙舟竞渡仍然延续下来，明代田汝成在《西湖游览志余 · 卷三》中记载：“西湖竞渡自二月八日为始，而端午尤盛。”而各个州府也有相关记载，如《浙江通志 · 卷一百 · 风俗上 · 泰顺县》记载：“温州府志……端午各乡俱操龙舟竞渡，祈年赛愿。”在《浙江通志 · 卷一百 · 风俗上 · 景宁县》中记载：“处州府志……乡都各造龙舟竞渡，士女泛舟观游。”各地在端午时节基本都有龙舟竞渡的习俗。清代康熙年间的《鄞县志 · 卷二十三 · 杂记考》记载：“端午之龙舟，八月十五之中秋，天下皆然，唯四明则以十六为中秋，以中秋竞渡相传。”在《杭州府志 · 卷五十二 · 风俗》中也有记载：“端阳的龙舟竞渡，男女闻视，亲族相凝，民费不赀”“端午各乡俱操龙舟祈年”。[①]《青田县志 · 卷四 · 岁时》中也有记载：“五月为

① 宁波市体育志编纂委员会，2010.《宁波市体育志》［M］. 宁波：宁波出版社，5.

角黍，悬蒲艾，沿溪之乡龙舟竞渡。”可见，明清时期的端午龙舟竞渡活动仍然很兴盛。

民国时期越地的龙舟竞渡仍在开展，据《长兴县志·卷十六·岁序》中记载：“清明日桡彩舟于溪上，为竞渡之戏，谓宜田蚕。今无此事。据此湖州无此风久矣。独长邑每岁于城壕竞渡，不于清明于端午。”而在《平阳县志·卷十九·风土志·一·土习》记载：“各方自五月朔日起，赛龙舟于河，名曰竞渡，亦有赛至月半者。”民国期间龙舟竞渡基本上处于自由发展阶段，而后经历了一段时间的停滞发展。1984 年，原国家体育总局把龙舟列为一项全国的正式比赛项目，公布了全国的《龙舟比赛规则试行草案》，并定名全国的比赛为“屈原杯”龙舟赛，于同年在广东佛山市举行了全国第一届“屈原杯”龙舟赛。1985 年中国龙舟协会成立，全国性正式比赛和专门管理龙舟运动的协会组织相继出现。1991 年国际龙舟联合会成立，1992 年亚洲龙舟联合会成立，各种赛事也相继展开，如国际龙舟锦标赛和亚洲龙舟锦标赛、世界龙舟俱乐部锦标赛、“炎黄杯”世界华侨华人龙舟系列赛、长江三峡国际龙舟拉力赛等一系列国际龙舟单项比赛，而且现在很多高校也都成立了自己的龙舟队，参加高校地区、省市、国际龙舟邀请赛、锦标赛等，很多高校把龙舟作为一张名片，在国内外打响了自己的名声。

2007 年，温州举行划龙舟活动，参与的龙舟有 1312 艘，人数达到 10 万人以上，观众更是人山人海，达到百万人次。西溪湿地五常龙舟胜会作为端午节民俗活动的组成部分，在 2008 年入选了国务院颁布的第一批国家级非物质文化遗产扩展项目名录。浙江省不仅有十几所大学有固定的龙舟训练队，如绍兴文理学院、浙江大学、温州大学、温州医科大学等，参加每年举行的中国大学生龙舟锦标赛、中国龙舟公开赛、中华龙舟大赛等赛事，而且还有自发组织的龙舟队，如宁波鄞州云龙龙舟队、温州飞宇龙舟队等，它们都是在全国大赛上拿到过冠军的队伍。中华龙舟大赛是全国龙舟水平最高的赛事，在 2019 年举行的中国龙舟公开赛（贵州·铜仁·碧江站）暨中国传统龙舟大赛中，乐清跃龙龙舟队、苍南上街龙舟队分别获得 200 米第一、二名和 500 米第一、二名。温州的龙舟竞渡水平较高，2020 年淳安举办了首届全民龙舟大赛，设置了 3 个组别，有 51 支龙舟队参赛。至今，浙江省各个地市都还有在端午节举行龙舟赛的习俗，如杭州骆家庄在端午节的龙舟赛就有32支队伍参加。2008年，云龙镇开始举办大型龙舟赛活动，场面盛大，不仅参与人数多，观看人数也很多，如今，龙舟赛已是云龙镇端午节的重头戏，云龙镇“龙舟竞渡”也已被列入浙江省非物质文化遗产名录。随着龙舟赛事的日益增多，现代的龙舟赛已经从民间自发的娱乐项目走出国门，特别是世界龙舟大赛的举办，使我国优秀的传统体育文化走向了国际舞台。

五、中秋观潮

钱塘江大潮是世界三大涌潮之一，是天体引力和地球自转的离心作用，加上杭州湾喇叭口的特殊地形所造成的特大涌潮，特别是农历的八月十五日至八月二十日，月球引力最强，涌潮也最大，其中又以八月十八日潮水整齐壮观而闻名于世。而观潮的风俗形成于汉代，到唐宋就已经很盛行。相传农历八月十八日是潮神的生日，故潮峰最高。南宋朝廷曾经规定，这一天在钱塘江上校阅水师，以后相沿成习，八月十八日逐渐成为观潮节。在农历八月十八日前后几天，路上车如水流，人如潮涌。远眺钱塘江出海的喇叭口，潮汐形成汹涌的浪涛，犹如万马奔腾，遇到澉浦附近河床沙坎受阻，潮浪掀起3~5米高，潮差竟达9~10米，确有“滔天浊浪排空来，翻江倒海山为摧”之势。不同的地段可观赏到不同的潮景，如塔旁观“一线潮”、八堡看“汇合潮”、老盐仓可赏“回头潮”等。

唐宋时观潮已经很盛行，钱塘江大潮吸引了唐代很多文人墨客，如孟浩然、白闻、刘禹锡等，都写过关于钱塘观潮的诗。如孟浩然的《与颜钱塘登樟亭望潮作》：“百里闻雷震，鸣弦暂辍弹。府中连骑出，江上待潮观。照日秋云迥，浮天渤澥宽。惊涛来似雪，一坐凛生寒。”刘禹锡的《浪淘沙》：“八月涛声吼地来，头高数丈触山回。须臾却入海门去，卷起沙堆似雪堆。”描绘出当时钱塘江大潮的气势与观潮的盛况。宋室南迁并定都临安后，据吴自牧《梦粱录·卷四·观潮》中记载：“临安风俗，四时奢侈，赏玩殆无虚日。西有湖光可爱，东有江潮堪观，皆绝景也。每岁八月内，潮怒胜于常时，都人自十一日起，便有观者，至十六、十八日倾城而出，车马纷纷，十八日最为繁盛，二十日则稍稀矣。”可见当时观潮时的盛况，人们倾城而出，有些人甚至徒步往返数里路程来一睹江潮的风采。《武林旧事·卷三·观潮》中描写："浙江之潮，天下之伟观也，自既望以至十八日为最盛。方其远出海门，仅如银线，既而渐近，则玉城雪岭，际天而来，大声如雷霆，震撼激射，吞天沃日，势极雄豪。杨诚斋诗云'海涌银为郭，江横玉系腰'者是也。每岁京尹出浙江亭教阅水军，艨艟数百，分列两岸，既而尽奔腾分合五阵之势，并有乘骑弄旗标枪舞刀于水面者，如履平地。倏尔黄烟四起，人物略不相睹，水爆轰震，声如崩山。烟消波静，则一舸无迹，仅有敌船为火所焚，随波而逝……江干上下十余里间，珠翠罗绮溢目，车马塞途，饮食百物皆倍穹常时，而僦赁看幕，虽席地不容间也。"记录了钱塘江大潮由远及近的气势磅礴，京都临安府还在这个时候到江上检阅水军，战船练习阵法，兵将舞刀弄枪，其技艺高超，在水面上活动就像踩在平地上一样，而岸上的人头攒动，车水马龙，一席之地的空隙都没有。描写观潮的诗词也数不胜数，如宋仲弓的《钱塘江待潮》："潮至千艘动，涛喧万鼓鸣。江翻晴雪卷，海涨石塘平。帆影林端见，波光屋上明。青山自吴越，相峙两含情。"释文珦的《钱塘江潮》："初闻万马声，渐觉似长城。远自三山起，高连两岸平。凌风添怒势，映日作虚明。若是吴胥魄，如何渡越兵。"通过文人的笔墨描述，犹如身临其境。

明清时期，钱塘江的观潮习俗仍很盛行。明代田汝成在《西湖游览志余·卷二十·熙朝乐事》中记载："郡人观潮，自八月十一日为始，至十八日最盛。盖因宋时以是日教阅水军，故倾城往看。至今犹以十八日为名，非谓江潮特大于是日也。是日，郡守以牲醴祭于潮神，而郡人士女云集，僦倩幕次，罗绮塞途，上下十余里间，地无寸隙。伺潮上海门，则泅儿数十，执彩旗，树画伞，踏浪翻涛，腾跃百变，以夸才能。豪民富客，争赏财物。其时，优人百戏，击球关扑，渔鼓弹词，声音鼎沸，盖人但藉看潮为名，往往随意酣乐耳。"瞿佑的《看潮词》："嘉会门边翠柳垂，海仙桥上赤栏欹。行人指点山前石，曾刻先朝御制诗。出郭游人不待招，相逢都道看江潮。今年秋暑何曾减，映日争将画扇摇。""一线初看出海迟，司封祠下立多时。须臾金鼓连天震，忙杀中流踏浪儿。垆头酒美劝人尝，紫蟹初肥绿橘香。店妇也知非俗客，奚奴背上有诗囊。沙河塘上路岐赊，扶醉归来日已斜。怪底香风来不断，担头插得木樨花。步入重门小院偏，金猊飞袅夜香烟。

家人笑问归何晚，已备中秋赏月筵。”介绍了观潮的历史由来，列举了众多文人墨客对观潮的描写，把钱塘观潮的场面淋漓尽致地展现了出来。

现在钱塘观潮仍很受欢迎，虽然钱塘江的潮水每天都有，但是最为壮观的还是在八月十八日的大潮。国内外游客为了一睹钱塘江大潮的雄伟壮观，不惜万里来到杭州，品杭州小吃、逛西湖美景、看钱塘江大潮。钱塘江大潮历经千年，潮水冲击也经常造成决堤和塌方事件，给沿江百姓的生命财产带来了一定的威胁。钱塘江大潮不仅是地理环境造就的人文景观，也是浙江的财富和非物质文化遗产。

第二节　越地休闲体育文化

原始社会时期，生产力水平低下，人类生存条件非常恶劣，靠狩猎、采集、捕鱼等方式获取食物，在这个过程中，奔跑、跳跃、攀爬、投掷、游泳等是人类基本的活动方式，也是原始体育的萌芽。随着生产力水平的提高，人们在闲暇的时候会通过各种不同的运动方式进行自我身心的放松，在这种情况下，休闲体育应运而生。休闲体育除了具有锻炼身体的功能外，还满足了人们的精神需求，缓解了压力、愉悦了身心、开发了智力、陶冶了情操，丰富了人们的情感等。休闲体育的出现是生产力水平提高和社会进步的一个象征，人们在物质生活被满足的基础上，精神生活上的追求也不断提高，对休闲体育的追求也越来越高，不再简单地追求一种身心放松模式，而是通过休闲体育获得一种愉悦的心理体验，这种体验具有创新性和发展性，逐渐成为人们生活的一部分，同时，随着社会稳定和经济发展迅速，休闲体育逐渐变得丰富多彩。

一、放风筝

放风筝在我国由来已久，其出现时间可追溯到春秋战国时期，相传鲁班大师曾用木、竹做风筝。《墨子·鲁问》中记载：“公输子削竹木以为鹊，成而飞之，三日不下……”这应该是有关风筝的最早记载了。随着造纸技术的发展，出现了用纸做的风筝，古代称为“纸鸢”。据传，纸鸢在军事中曾作为通信工具使用过，据《独异志》记载，南朝的梁武帝萧衍被侯景困在台城中时，萧纲“缚纸鸢飞空，告急于外”。《新唐书·田悦传》中记载，田悦叛唐并兵围临洺城时，城内的守将张伾“以纸为风鸢，高百余丈，过悦营上，悦使善射者射之，不能及”。由于在军事上的应用，纸鸢发展迅速，在唐朝的时候，纸鸢就已经能高飞到百余丈了，而且在制作工艺和放飞技术上也已经很成熟了。唐朝，纸鸢在民间的发展也很迅速，放纸鸢是一种很普遍的娱乐活动。罗隐曾作《寒食日早出城东》：“青门欲曙天，车马已喧阗。禁柳疏风雨，墙花拆露鲜。向谁夸丽景，只是叹流年。不得高飞便，回头望纸鸢。”从这里可以看出，放纸鸢已经是人们生活中非常普遍的一件事情了。

到了宋代，放纸鸢更为普及。寇准、王令、顾逢、韩元吉等人都曾以《纸鸢》为题，作过关于纸鸢的诗词。陆游也有关于纸鸢的诗句描写，他在《观村童戏溪上》中描写道：“雨余溪水掠堤平，闲看村童谢晚晴。竹马踉蹡冲淖去，纸鸢跋扈挟风鸣。三冬暂就儒生学，千耦还从父老耕。识字粗堪供赋役，不须辛苦慕公卿。”短短几句话，使孩子们在野外的堤坝上骑竹马玩，奔跑着放风筝，风筝在天空中随风飘荡的情景跃然纸上。据《武林旧事·卷三·西湖游幸　都人游赏》中记载：“时承平日久，乐与民同，凡游观买卖，皆无所禁……至于吹弹、舞拍、杂剧、杂扮、撮弄、胜花、泥丸、鼓板、投壶、花弹、蹴鞠、分茶、弄水、踏混木、拨盆、杂艺、散耍、讴唱、息器、教水族飞禽、水傀儡、鬻水道术（宋刻无‘水’字）、烟火、起轮、走线、流星、水爆、风筝，不可指数，总谓之‘赶趁人’。”“桥上少年郎，竞纵纸鸢，以相勾引，相牵剪截，以线绝者为负。”这种赌药线输赢的放风筝比赛，不是比赛放得高、放得远，而是相互勾引绞线，以绞断对方的线为赢。可见繁华的临安城，不仅放风筝，而且风筝比赛都有新花样。在社会普及的基础上，出现了专门制作风筝的行业，据《武林旧事·卷六·诸色伎艺人》中记载：临安城就有卖“弹弓、鹁鸽铃、风筝、药线”的几十户人家：专业放风筝的艺人：“周三、吕偏头”等。说明那个时候已经有专门从事这项运动的人且非常出色，用以谋生。

明清时期放风筝习俗仍很流行，众多诗人曾作诗描述放风筝。明代徐渭曾作《风鸢图诗》："柳条搓线絮搓棉，搓够千寻放纸鸢。消得春风多少力，带将儿辈上青天。"清代高鼎的《村居》："草长莺飞二月天，拂堤杨柳醉春烟。儿童散学归来早，忙趁东风放纸鸢。"成为小学语文课本中必读的古诗。在早春放风筝的习俗，受历代人的欢迎，古代人们用它代表去灾免祸、寄托哀思，发展到现代，放风筝成为一项健身活动，在放风筝时不仅要长时间昂首仰望，还要奔跑疾走、牵拉引线，而且放风筝又多是在空气新鲜的郊外，是一种寓健身于游戏之中的活动。越地各个地区都有关于放风筝的记载，《桐乡县志·卷二·十九日观音诞》记载："春日，忌雨，（春分无雨病人稀少）是月，儿童竞放纸鸢，（谚语：杨柳青，放风筝）。"表达了人们期望通过放风筝把疾病带走的美好愿望。在《余姚县志》中也有这样的记载："二月放风鸢，病者以为祷。"在越地还有"正月灯，二月鸢，三月麦秆作鬼叫"的童谣。

放风筝不仅是一项民俗体育活动，也是一项娱乐健身活动，民国时期杭州市就曾经举办过三次风筝比赛，而在中华人民共和国成立后，浙江省各种风筝比赛也相继多起来，1985 年举办了浙江省首届风筝比赛，杭州还举办过两次"西湖水上国际风筝节"，参赛的代表队有 21 支之多，其中有来自马来西亚、韩国、日本、美国、英国以及中国香港、中国台湾等地区的代表队来参赛。从 2000 年后，浙江省风筝锦标赛也开始定期举办，并不断推陈出新，出现了很多个中国风筝史的首创。例如，第一只微型风筝，是杭州风筝高手陈隆焜制作的，是由 30 多只花蝴蝶串联成的蝶龙鹞，且只有手掌大小；最大的风筝是余姚风筝高手黄仲跃制作的超大型龙鹞，长达 600 多米；第一只无骨架的大风筝，是由杭州风筝高手周俨制作的，其降落伞形大风筝有 6 平方米；第一只全羽毛风筝，是由湖州风筝高手张志刚制作的，用 4 只山鸡的羽毛制作而成。杭州风筝高手章祖舜制作的"双热带鱼"风筝，在技术上有了很大的突破，成功地实现了复线操纵两个串联风筝的技术；第一个风筝放飞线车的专利，杭州风筝协会顾问许捷发明了"风筝放飞用绕线器"；第一次水上风筝比赛，中国乃至世界上第一次水上风筝比赛于 1993 年在杭州举行，有 21 个代表团参加，261 只风筝参赛。除此之外，第一次省级风筝比赛，第一部风筝比赛规则的写成与应用都出现在浙江省。可见，浙江省在风筝的发展道路上一直走在全国前列，对风筝的发展起到了很大的推动作用。

不仅风筝赛事开展得火热，在学校教学中也有风筝的身影，在 1912 年小学教科书中出现了放风筝的插图，如《春季始业新国文》《国文教科书》等教材中都有关于风筝的插图。20 世纪 80 年代，风筝纳为正式的全国比赛项目，1987 年中国风筝协会成立，随后各个省、自治区、直辖市以及行业风筝协会也相继成立。1993 年浙江省风筝协会成立，而后杭州、宁波、金华、青田、湖州、温州等地区的风筝协会也成立了，各种风筝的教练员、裁判员的培训也相应展开，各类赛事也都拉开序幕。为了进一步规范风筝比赛，1991 年，杭州市体委受国家体育总局群体司委托，由穆家保起草了《风筝竞赛裁判法》，经过讨论和修改后，1994 年出版，后经过几次修订，2002 年由中国风筝协会正式审定发行了《风筝竞赛规则与裁判法》，使风筝比赛从自发的无规模形式朝着常规化、正规化的方向发展。浙江风筝的发展一直走在全国前列，2018 年“浙南鹰王”荣誉赛和大型风筝表演赛在温州举办 ，2020 年浙江风筝邀请赛在台州举行，不仅如此，风筝也走进了校园，温岭三中的风筝教学成为一大特色。随着群众风筝爱好者的增多和风筝赛事的举办，有关风筝的产业也逐渐形成，不同品牌、材质、形状、图样等的风筝层出不穷，关于风筝的轮线就有多种形式，尤其是国际风筝节的举办，更是把中国的传统文化推向了国际，著名的潍坊国际风筝节每年 4 月在潍坊举行，吸引了大批中外风筝专家、爱好者和游人前来观赏、竞技和游览，在风筝节上各种民族传统项目争奇斗艳。除了在潍坊举办国际风筝节，其他地区也有举办国际风筝节，2020 年，岱山岛采用线上、线下的形式，举行了国际运动风筝赛和全国风筝锦标赛两个赛事，竞赛项目主要以现代风筝、传统风筝、竞技风筝和表演项目为主，比赛立足“岱山 —— 中国风筝岛”，将风筝、节赛互动，做到体育、旅游、文化和全民健身有机结合，打造“风筝岛”品牌赛事，进一步推动经济、文化、体育的发展。在赛事的带动下，放风筝已经成为人们健身娱乐的一种方式，人们对风筝的喜爱也推动了风筝产业的发展，并使风筝节的规模不断扩大，形式更新颖。

二、踢毽子

踢毽子又叫“踢毽”“踢箭”，其在我国有悠久的历史。据唐代释道宣所著《续高僧传·卷十六·习禅初·正传二十三》中记载：“沙门慧光，年立十二，在天街井栏上，反踢蹀，一连五百，众人喧竞，异而观之。佛陀因见怪曰：‘此小儿世戏有工。’”反踢蹀便是用外拐踢毽子，慧光能站在井栏之上连续踢500个拐子，足见其技术的熟练，而佛陀称踢毽子为“世戏”。①可见，当时的踢毽子技术已经相当娴熟了，这时候踢毽子基本上属于表演性质，花样不是特别多，主要体现的是娴熟。

到了宋代，踢毽子已相当流行了，已经是民间体育活动之一，宋高承著的《事物纪原》中记载：“今时小儿以铅锡为钱，装以鸡羽，呼为毽子，三四成群走踢，有里外廉、拖抢、耸膝、突肚、佛项珠、剪刀、拐子各色，亦蹴鞠之遗意也。”这里说的里外廉（臁）等动作是宋代白打踢法的花样，高承认为毽子是“蹴鞠之遗意”，毽子的各种踢法都是从“蹴鞠”中演化而来。据《武林旧事·卷六·诸色伎艺人》载：临安城小经纪的手工业中，有“毽子、象棋、弹弓”等作坊；也有专门制作毽子的手艺人，数十人借此为生。“每一事率数十人，各专藉以为衣食之地，皆他处之所无也。”②由此可见，当时踢毽子已经很普遍了，而且还出现数人同踢的技巧，许多人以此作为谋生的手段。

明清时期踢毽子依旧很流行，明代刘侗在《帝京景物略·卷二·春场》中记载：“其谣云：杨柳儿活，抽陀螺。杨柳儿青，放空钟。杨柳儿死，踢毽子。杨柳发芽儿，打核儿。”潘荣陛在《帝京岁时纪胜》中记载：“都门有专艺踢毽子者，手舞足蹈，不少停息，若首若面，若背若胸，团转相击，随其高下，动合机宜，不致坠落，亦博戏中之绝技矣。”③翟灏在《通俗篇·卷三十一》中也说：“今弄，则毽子终日绕身不堕。”④可见当时人们踢毽子的技艺已经很高超。清阮葵生在《茶舍客话·卷十八》中记载：“京师杂技，千态万状，以踢毽为最，三四人同踢，

---

① 刘秉果，1987. 中国古代体育史话［M］. 北京：文物出版社，270.

② 同①。

③ 刘秉果，1987. 中国古代体育史话［M］. 北京：文物出版社，270.

④ 杨向东，2000. 中国古代体育文化史［M］. 天津：天津人民出版社，235.

高下远近，旋转承接，不差铢黍。其中套数家门，凡百十种。”这里记载了三四人同踢，把个人的各种踢法更加复杂化了，基本上和现代的花毽相似了。

到了近代，踢毽子仍然很活跃，浙江省不仅有最具代表性的踢毽高手谢叔安，而且在学校中也有踢毽子课程了，踢毽子主要是民众教育馆进行提倡和推广的，当时在杭州、绍兴、镇海、吴兴、永嘉、鄞县、长兴、临安、乐清等地都设有民众教育馆，馆内设有专门负责体育的部门和人员，推广的民众体育项目有踢毽子、跳绳、角力、拔河、划船、斗鸡、秋千等。为了进一步推动民众体育的发展，据教育部门的统计，1932 年举办的赛事和活动就有十多项，其中一项活动是在杭州举办的踢毽子比赛，分设了小学高、初级及民众三组，比赛现场观看的男女老少不下百人，比赛后还有杭州市的毽子大王谢叔安做了精彩的表演，其动作敏捷，花样繁多，令人眼花缭乱。在 1931 年和 1933 年的第二、三届省运会上，踢毽子成为正式比赛项目，而到了第四届省运动会，踢毽子成为表演项目。1936 年杭州市体育会成立，元旦时举办了体育大会，参加的单位有大、中、小学和国术团体 37 个单位，设置的项目有田径、球类、团体操、叠罗汉、国术、自行车、歌舞、跳绳、高跷、踢毽子和骑射等。近代我国北方城乡妇女踢毽子都很普遍，踢的花样也很复杂，据说光绪年间承德有一位老进士会踢 108 种套路。近代球类运动传入中国以后，还演变出了一种毽球运动，打法近似排球，每队 3 人，但不准用手触毽。[①]这就是现代的网毽，网毽比赛是隔着网进行对抗的比赛，分为平推组和进攻组两种类型，进攻组更具有进攻性和竞技性。

1928 年，在上海市举办的“中华国货展览会”上，我国举办了第一次踢毽子公开比赛，有力地推动了这项民族体育项目的发展。1931 年福建国民体育运动会设置了踢毽子比赛；1933 年 3 月 26 日，在南京市举行了第一次全国性的踢毽子比赛。这次比赛可以说是我国踢毽子运动有史以来的第一次正规性的比赛，受到了媒体的重视，当时各家报纸都有报道，同年，在第五届全国运动会上也设置了踢毽子比赛。[②]随着各种赛事的相继举办，各地的毽球协会或组织也成立起来

---

① 同②。

② 刘小明，2020. 我国毽球文化的传承与发展［M］. 北京：人民体育出版社，8.

了，1984 年国家体委将毽球运动列入全国正式体育比赛项目，使毽球运动跨入了一个新的发展阶段。1985 年 4 月，国家体委在苏州市举办了全国第一届毽球锦标赛，全国各地从此掀起了开展毽球运动的热潮。1990 年，国家体委下发了《毽球裁判员技术等级实施办法》。随后，毽球运动逐渐走进了各类大型赛事中，如民运会、农运会、中学生运动会等，在这些综合运动会上都可见到毽球的身影。1987 年，中国毽球协会成立，经过多次实践和修改，中国毽球协会于 2011 年正式推出《毽球竞赛规则》，不久又推出了《花毽竞赛规则》，2018 年 5 月试行了《平踢毽球竞赛规则》。不仅在各种赛事上出现了毽球的身影，而且还出现了“毽球城”（丹东）“毽球县”“毽球乡”（小榄镇）等，并且各类“毽球示范学校”相继涌现，小学毽球示范学校有联丰小学、惠福西路小学、柳林镇第五小学等，中学毽球示范学校有小榄镇小榄中学、花城中学、上海市山阳中学、华东师范大学附属枫泾中学、宁波市象山县爵溪中学、广州市第三中学、郑州市第六十一中学等。

20 世纪 80 年代，毽球就已经走出国门，走向了世界的舞台。1988 年中国毽球队就去日本参加了第一届世界民族传统体育节；1993 年在中国重庆举办了第一届国际毽球邀请赛；2000 年在匈牙利的乌伊扎斯市举行了第一届世界毽球锦标赛，2019 年在法国举办了第十届世界毽球锦标赛。我国的毽球技术水平处在世界前列，但浙江省的毽球运动普及程度还不是很高，截至 2021 年，浙江省共举办过 9 届毽球锦标赛，参赛队伍只有 14 支。相对来说，宁波毽球运动开展得较好，宁波大红鹰学校和奉化区白杜小学都是毽球示范学校，杭州、温州也有部分中小学开展了毽球运动，总的来说，毽球在学校的普及性还不够广，相对北方省市来说，还有待提高，尤其是群众性的毽球运动开展得更为落后，需要进一步宣传与推广。

三、秋千

早在远古时代，人们为了谋生，不得不采摘高处的果实；为了狩猎，在追逐奔跑过程中抓住粗壮的藤蔓植物，依靠藤蔓的摇晃摆动来攀爬树木或者跨越沟涧等，在这种攀爬过程中逐渐出现了秋千，其最早称为“千秋”，后来为了避讳，改为秋千。古时的秋千多用树丫为架，再拴上彩带做成，后来逐步发展为用两根绳索加上踏板的秋千。

在高承的《事物纪原》中记载：秋千本是北方“山戎之戏”，因为他们“爱习轻矫之态，每至寒食为之。自齐桓公北伐山戎，此戏始传入中国”。认为秋千乃是山戎人在寒食节的节令习俗。唐朝的高无际作《汉武帝后庭秋千赋》：“秋千者，千秋也。汉武祈千秋之寿，故后宫多秋千之乐。”秋千传入汉代的宫廷后，受到嫔妃们的喜爱，这种游戏荡来荡去，似乎无始无终，借此寓意“千秋之寿”来博得皇帝的欢心，此后，历代宫中几乎都设有秋千之戏。

唐代，秋千仍为后宫妃嫔所喜，五代时期的王仁裕在其笔记《开元天宝遗事·卷三·半仙之戏》中说：“天宝宫中，至寒食节，竞竖秋千，令宫嫔辈戏笑以为宴乐。帝呼为半仙之戏，都中市民因而呼之。”荡秋千不仅在宫廷中盛行，民间也很盛行，尤其受妇女、儿童的欢迎。杜甫的《清明二首》中有“十年蹴鞠将雏远，万里秋千习俗同”的诗句，描写了清明时期人们蹴鞠和荡秋千的习俗。王建的《秋千词》中有描写少女荡秋千的情景：“长长丝绳紫复碧，袅袅横枝高百尺。少年儿女重秋千，盘巾结带分两边。身轻裙薄易生力，双手向空如鸟翼。下来立定重系衣，复畏斜风高不得。傍人送上那足贵，终赌鸣珰斗自起。回回若与高树齐，头上宝钗从堕地。眼前争胜难为休，足踏平地看始愁。”刘禹锡的诗《同乐天和微之春深》中有云：“秋千争次第，牵拽彩绳斜。”从诗中看，秋千不仅非常受欢迎，少女们还用首饰赌输赢，以看谁荡得高来争名次，更增加了荡秋千的乐趣，可见唐朝荡秋千的盛行。

到了宋代，上自宫廷，下至民间，荡秋千都很受欢迎。宋代描写荡秋千的诗词也有很多。北宋大臣王珪的《宫词》：“禁篽春来报踏青，御池波漾碧涟轻。内人争送秋千急，风隔桃花闻笑声。”描写了宫女在清明荡秋千的情景。荡秋千也备受文人的喜爱，如北宋苏轼的《蝶恋花·春景》：“墙里秋千墙外道。墙外行人，墙里佳人笑。笑渐不闻声渐悄。多情却被无情恼。”欧阳修的《越溪春》：“三月十三寒食日，春色遍天涯。越溪阆苑繁华地，傍禁垣、珠翠烟霞。红粉墙头，秋千影里，临水人家。”《武林旧事·卷七·乾淳奉亲》中记载：乾道三年（1167）三月初十日，孝宗陪同太上皇赵构到德寿宫后苑看花，接着又到球场“看小内侍抛彩球、蹴秋千”。南宋李清照有一首《点绛唇·蹴罢秋千》这样写道：“蹴罢秋千，起来慵整纤纤手。露浓花瘦，薄汗轻衣透。见客入来，袜刬金钗溜。和羞走，倚门回首，却把青梅嗅。”把一个少女的娇羞、可人之态及微妙心思描写得纤毫毕现。陆游也曾写秋千：“杨柳院，秋千陌。无限事，成虚掷。”“路入梁州似掌平，秋千蹴鞠趁清明。”“蹴鞠墙东一市哗，秋千楼外两旗斜。”宋代，荡秋千不仅是清明时的活动习俗，也作为平时人们消遣娱乐的活动之一。

明清时期荡秋千也比较普及，妇女儿童很喜爱荡秋千。在王圻编著的《三才图会》中就有一幅妇女荡秋千的图。荡秋千在明清的小说中也多有出现，在《警世恒言》《拍案惊奇》《红楼梦》《金瓶梅》等中都有关于荡秋千的描写，说明荡秋千在当时非常受妇女欢迎。清代李声振写的《百戏竹枝词》中有一首《秋千架》：“半仙之戏，无处无之。仕女春图，此为第一。近有二女对舞者。日影垂杨舞半仙，御风图画两婵娟，飘红曳绿浑闲事，蹴损湘钩剧可怜。”

近现代秋千发生了很大的变化，在学校里出现了秋千的身影。1905 年，在绍兴大通师范学堂中配有溜木、秋千、木马、铁环、跳远等场地设施，供学生们课内外练习。作为传统的民间体育活动，在 1912 年的《初等新国文》中印有小学生荡秋千的图画。1922 年的《杭州府志》中有记载，每逢三月二十八的“东岳帝君诞”等重要节日，杭州城里往往“百戏竞集，观者如堵”“且立标竿射垛，及秋千、梭门、斗鸡、蹴鞠诸戏事，以娱游客”。秋千是民众体育活动中必不可少的一项，到了 20 世纪 30 年代，有些中学中设有专门的篮球、足球、网球等场地，并有铁杠、秋千等。20 世纪 60 年代以后，随着旧城改造，浙江省的经济发展迅速，简单的秋千已经很少存在，随着 1995 年国务院颁布《全民健身计划纲要》，出现了钢制的秋千，而且出现在公园、景区景点、健身场所等。

秋千是传统的体育项目，不仅受小朋友的喜爱，也是大众健身项目之一，而且在少数民族运动会上也有秋千的影子。1986 年在乌鲁木齐举行的全国第三届少数民族传统体育运动会把秋千列为正式比赛项目，此后秋千运动得到进一步发展，开始从民间走向竞技体育的舞台，现在民运会每隔 4 年举办一届，至今已举办了 11 届了，秋千是民运会上唯一一个只有女运动员参加的项目，民运会上的秋千比赛设单人、双人赛，在组别上按照体重分为55千克以上和以下两个级别，每个组别设置高度比赛和触铃比赛两类。高度比赛是以在规定的试荡次数内荡达的最高点来计算成绩，而触铃比赛是在规定的高度上和时间内，以运动员触铃的次数来计算成绩。除了民运会上的秋千比赛外，现在还出现了高空悬崖秋千这种极限刺激运动和游乐项目，如溜索、攀岩、丛林穿越、彩虹滑道、滑索、吊桥、水上项目、步步惊心、丛林飞跃、空中自行车、水旱滑道等，都很受人们的青睐。由于很多项目都设置在户外，人们参与这些游乐项目，可以融入大自然，呼吸新鲜空气，释放压力，既可以锻炼身体，同时也可以锻炼意志，挑战自我。

四、投壶

投壶是古代士大夫们宴会时玩耍的一种投掷类游戏，这种活动主要是春秋末期射礼的一种替代活动，春秋战国时期射箭是一种礼仪，是男孩子长大的一种标志，男孩子要使用弓向天地四方各射一箭以表示征服四方，在各种宴会上都要进行射礼。自天子、诸侯、大夫以及士等，参加宴会的成年男子都会有这种射礼仪式，但在春秋末年，有些不会射箭的客人不能推辞主人的邀请，就把箭投到酒壶里来代替射箭，这样也不用平时练习拉弓，轻松省力了很多，很受各国诸侯的欢迎，后来投壶就代替了射箭这种礼仪。

汉代的投壶继承了先秦时期的习俗，投壶仍是王公大臣们在宴会上的娱乐项目之一，边饮酒边进行投壶游戏，虽然不是正规的礼仪活动，但这些王公大臣把它视作一种高雅活动，《东观汉记卷九·列传四·祭遵》中记载了东汉的大将祭遵“取士皆用儒术，对酒娱乐，必雅歌投壶”。在这些儒士的眼中，雅歌和投壶都是他们生活的一种象征，在宴会之中做这些游戏才是高雅的生活。随着投壶的不断发展，其投掷的方法也在不断变化，秦时壶中装满的是红小豆，而汉代壶中则不再装红小豆，箭竿可以弹出，抓住可以重新投，反复地重投，这种投法“谓之为骁”。《西京杂记》中记载了郭舍人投壶：“武帝时，郭舍人善投壶，以竹为矢，不用棘也。古之投壶，取中而不求还，故实小豆于中，恶其矢跃而出也。郭舍人则激矢令还，一矢百余反，谓之为骁。言如博之竪枭于掌中，为骁杰也。每为武帝投壶，辄赐金帛。”而到了魏晋时期，投壶技巧又有了更进一步的发展，其中最为著名的是三国时魏国邯郸淳所作的《投壶赋》，在《三国志·卷二十一·邯郸淳传·魏略》中记载：“淳作投壶赋千余言奏之，文帝以为工，赐帛千匹。”他把身手不凡的投技与场景记录得很翔实，其中提到连投连抓的骁，已是投壶的一般技艺，普通人都可以掌握。还出现了“隔屏投”，石崇家里有个侍女，可以隔着一架屏风投壶，且能百发百中；“闭眼投”，有名为王胡者可以闭着眼睛投壶，且百发百中。通过这些描写显示了当时高超的投壶技巧，另外，我们通过文献可以了解到那时已经有妇女参与投壶，且技艺高超。

晋代时期投壶开展得很普遍，晋代会稽余姚的虞潭就是一位投壶高手，他对投壶甚是喜爱，曾做过太守等职位，后来被任命为右光禄大夫，在去世后，追赠左光禄大夫。晋代投壶爱好者众多，人们对投壶器械进行了改进，在壶口两端增加了两耳，并且在投壶的项目名称上也有了更新，如“依耳”“贯耳”“倒耳”“连中”“全壶”等。虞潭不仅是一个投壶高手，而且对投壶的器具和游戏方法都有研究，并著有《投壶变》一卷，《投壶经》四卷，记载了晋代投壶的机制和花样投壶的方法，虽然已经失传，但从侧面反映了晋代投壶的花样与技巧应是比较多的，其普及程度也是较高的。到了南北朝时期，投壶技巧又有了新变化，出现了多手投壶。南朝梁时会稽人贺徽就有多手投壶的绝招。据《颜氏家训》中记载：“投壶之礼，近世愈精，古者，实以小豆，为其矢之跃也。今则唯欲其骁，益多益喜，乃有倚竿、带剑、狼壶、豹尾、龙首之名。其尤妙者，有莲花骁。汝南周璝，弘正之子，会稽贺徽，贺革之子，并能一箭四十余骁。贺又尝为小障，置壶其外，隔障投之，无所失也。至邺以来，亦见广宁、兰陵诸王，有此校具，举国遂无投得一骁者。”多手投壶、隔物投壶、蒙面投壶等形式出现，且命中率极高，可见当时投壶人的技艺之精湛，而且不难发现，投壶从最初射礼的替代品逐渐开始向技艺的方向发展了。

隋唐时期投壶还是很盛行的，而且隋炀帝把寓礼之技的投壶改革成为“投壶乐舞”，使投壶中原有的礼仪教化意味趋于淡化，而更向宴乐方向发展。唐代帝王比较喜爱体育娱乐活动，如蹴鞠、马球、角抵、投壶等，《新唐书·艺文志》中记有西台侍郎上官仪著有《投壶经》一卷，关于《投壶经》的具体内容已经无从考证，但既然称之为“经”，说明书中的内容应该是关于投壶的形制、方法和礼仪规则的。李白曾作《登邯郸洪波台置酒观发兵》：“我把两赤羽，来游燕赵间。天狼正可射，感激无时闲。观兵洪波台，倚剑望玉关。请缨不系越，且向燕然山。风引龙虎旗，歌钟昔追攀。击筑落高月，投壶破愁颜。遥知百战胜，定扫鬼方还。”而晚唐时期的李商隐曾作《寄远》：“姮娥捣药无时已，玉女投壶未肯休。何日桑田俱变了，不教伊水向东流。”虽然描写的不是现实中的投壶，有所夸张，但诗句来自现实生活，由于唐代的民风开放，再加上统治阶级的喜好，各类娱乐活动普及程度相当高，宫廷盛宴、家族聚餐时都会有投壶的身影。

宋朝时期投壶在士大夫中仍很盛行，但司马光却认为当时的投壶有悖于古礼，于是他按照封建礼教要求对投壶进行了全面的整理，想要使投壶达到教育人的目的，并更定了《投壶新格》。他认为：“投壶可以治心，可以修身，可以为国，可以观人。何以言之？夫投壶者不使之过，亦不使之不及，所以为中也。不使之偏波流散，所以为正也。中正，道之根底也。”在投壶方式上，司马光定下了“有初”“连中”“贯耳”“散箭”“全壶”“有终”“骁箭”等，他把不同的投中方式分别命名，第一箭入壶的叫有初，第二箭叫连中，投入壶耳的叫贯耳，第一箭不中、第二箭起投中叫散箭，箭箭都中叫全壶，末箭投入的叫有终，投入壶中反弹回来、接着又投中的叫骁箭。他从“礼”的角度重新对投壶的名称和积分规则进行了修改，使投壶这项活动沾染上了政治色彩，娱乐性减弱，功利性增加。这样的修改对投壶的发展有了一定的限制性，阻碍了其向复杂化、多样化发展。到了南宋，投壶还很受文人雅士的欢迎，如陆游曾作《乌夜啼 · 园馆青林翠樾》：“园馆青林翠樾，衣巾细葛轻纨。好风吹散霏微雨，沙路喜新干。小燕双飞水际，流莺百啭林端。投壶声断弹棋罢，闲展道书看。”葛立方的《四绝赠马浩然法师 · 木公》：“餐霞吸瀣炯方瞳，时着青裙拜木公。玉女投壶天为笑，却来绣岭伴仙翁。”徐钧的《祭遵》：“执法严明凛不阿，西征北讨战功多。更将俎豆文军旅，不废投壶与雅歌。”刘子翚的《投壶》：“暇日宾月集，投壶雅戏同。傍观惊妙手，一失废前功。礼盛周垂宪，词夸晋起戎。区区论胜负，转眼事还空。”更是详细描写了投壶的过程。

除了文人雅士和王孙贵胄们喜欢外，在平常的百姓生活中也常常可以看到投壶场景，据《梦粱录·卷三·四月》中记载：“四月谓之初夏，气序清和，昼长人倦，荷钱新铸，榴火将燃，飞燕引雏，黄莺求友，正宜凉亭水阁，围棋投壶，吟诗度曲，佳宾劝酬，以赏一时之景。”这些记载无疑表明投壶运动在宋朝是多么普及。在《武林旧事·卷三·西湖游幸　都人游赏》中记载：“至于吹弹、舞拍、杂剧、杂扮、撮弄、胜花、泥丸、鼓板、投壶、花弹……不可指数，总谓之‘赶趁人’，盖耳目不暇给焉。”人们游西湖时，除了有龙舟竞渡之类的大型表演外，还有各种娱乐活动，如投壶。

明朝时期投壶虽没有以往兴盛，但对投壶的改良和推新使它的发展进入了一个新的阶段，甚至在《投壶奏矢》中关于投壶投法的记载就有 140 多种，从中可以看出，投壶虽然没有以前流行，但还是在不断发展，且投壶技巧已经有所革新。清朝时期投壶活动逐渐衰落，在宫廷中偶有所见，在北京中山公园内有一个十字形亭子，名为“投壶亭”，而且公园中还保留有 6 只古代铜质投壶。

随着社会的不断更替和发展，投壶虽然流传了 2000 多年，但并没有一直流传下来，究其原因主要与其参与的民众层次有一定关系。虽然在一定时期投壶很盛行，但其流行在士大夫以及一些文人墨客间，其之所以被这些人接受，原因是投壶是一项“礼”，受到古代礼制思想熏陶的士大夫们认为这是一种雅致的娱乐活动，很容易接受。投壶这项娱乐活动本身具有修身养性的功能，具有一定的健身意义。虽然在某一个时代它的娱乐性比较突出，但投壶本身的产生与古礼相关，虽然演变成一种游戏，但它和古礼并没有完全隔断，由于流传于士大夫阶层，且与古时的“礼仪”联系较多，其发展受到了一定的限制，到了清末，随着西方体育的传入，投壶也就逐渐退出了历史舞台。

第五章　越地竞技类体育文化

经济是体育发展的基础，健康长寿是体育发展的终极目标，而竞技是体育发展过程中的重要因素。随着社会的发展，人们在解决了温饱问题的同时，开始追求精神上的愉悦，体育逐渐从人类的生产中脱离，成为人们娱乐身心的重要手段。竞技性不仅能激发人类潜意识中的好胜因子、激发人的身体潜能，还能推动体育的发展、增加体育活动本身的魅力。我国作为礼仪之邦，传统体育项目的竞技性不是很强，但在社会发展过程也出现了许多竞技项目，这是体育项目发展的必然。

第一节　棋类文化

棋类的产生和古代的军事斗争有密切的关系，人们把棋子作为模拟双方的士兵进行排演，随着社会的不断发展，逐渐演变成益智类的体育活动。越地棋类发展历史悠久，且具有相当高的水平，出现过很多优秀的棋手。

一、围棋

关于围棋的起源有多种说法，汉宋衷注的《世本·作篇补遗》中有“尧造围棋”一说，这种说法在现代认为是不可信的，原始社会生产力低下，人们主要解决生存问题，那个时候的活动应该是围绕着这一主题，而围棋是需要较高的智慧才能进行对弈的，那时根本没有这种条件，而且围棋不可能凭空想象出来，要有一定的生活基础。据《左传》记载，公元前559年，卫国国君卫献公被卫国大夫宁殖等人驱逐出国。后来，宁殖的儿子答应把卫献公迎回来。文子批评道：宁氏要有灾祸了，“弈者举棋不定，不胜其耦。而况置君而弗定乎？”在《尹文子》中也有说：“譬如弈棋，进退取与，攻劫放舍，在我者也。”其中说到的“举棋不定”“攻劫收放”都是围棋中的术语，而在这里用来说为人处世的道理，由此可以推断当时的围棋活动已经比较普及了。

如上所述，根据《左传》的记载，在春秋时期围棋就比较流行了，在《论语》中记载：“子曰：饱食终日，无所用心，难矣哉！不有博弈者乎？为之犹贤乎已！”孔子认为，下围棋对提高人的修养和智力是有益处的，与其终日无事，还不如行行六博，下下围棋，这样可以锻炼人的思维和心性。从孔子对学生的论述来说，围棋在当时已经成为人们日常生活中的休闲娱乐活动了。《孟子·告子章句上》中记载：“弈秋，通国之善弈者也。使弈秋诲二人弈，其一人专心致志，惟弈秋之为听。一人虽听之，一心以为有鸿鹄将至，思援弓缴而射之，虽与之俱学，弗若之矣。”从中可以得出，奕秋的棋艺水平相当高，围棋的水平高低只有通过与人对弈才能看出，所以，当时应该有一定规模的围棋赛事了，而且还有人专门请棋艺高超的人来教学。

魏晋时期不仅是围棋迅猛发展的时代，在围棋发展史上有承前启后作用，而且还是具有突变性质的关键时期。东汉末年社会动荡不安，人们生活在这种社会环境中，很容易唤起对生命的觉醒和对生活的感慨，尤其是促进那些士大夫忧生意识的产生，“生年不满百，常怀千岁忧；昼短苦夜长，何不秉烛游！为乐当及时，何能待来兹？”这种思想促进了围棋活动的广泛普及。三国时期吴国对围棋的发展具有突出贡献，吴国的围棋活动相当普及，且具有一定的深度。其原因有：一是吴国的社会比较安定，使各种艺术都有了很大发展；二是在两汉时期吴地的围棋活动就很流行；三是吴国士大夫中有很多人爱好围棋，因他们的带动，围棋活动对当时的社会影响颇深，在这些士大夫中有些围棋水平相当高超，其中代表人物有孙策、吕范、顾雍、陆逊、蔡颖等。

孙策，字伯符，吴郡富春（今浙江富阳）人，东汉末年割据江东，是三国时期吴国的奠基者之一。孙策的手下吕范，字子衡，是他的大司马，孙策与吕范两人交往很深，孙策对吕范似亲戚般，他们既是上下级，也是极好的棋友，两人常常边下棋边商讨军国大事，而他们两人的对局谱被宋人的《忘忧清乐集》收集，题为《孙策诏吕范弈棋局面》，可见两人都是围棋爱好者，且都达到一定的技艺水平。除此之外，还有顾雍，字元叹，为吴相19年，经常聚集幕僚下围棋。他的儿子在豫章太守任上去世，当他知道后，强抑失子之痛，依旧把一盘棋下完，只是以爪掐掌，血流沾褥，开围棋豁情散哀、镇物矫情的先河。陆逊字伯言，官至大都督，是东吴名将，常在军中与诸将围棋射戏。嘉禾五年（236年），陆逊派遣亲信韩扁带着奏表呈报孙权，韩扁返回途中被魏军俘虏，泄露军情。当他知道这个消息时，正在督促军民种芜菁和豆子，与众将领下围棋，以射覆为游戏，就如平常一样。从中可以看出，陆逊身为大将在遇到紧急军务时仍能镇定自若，从容以对，说明军中弈棋者也相当多。东吴的围棋活动在孙策、吕范的带动下，在顾雍、陆逊的推动下，后来又因诸葛融、蔡颖的影响而不断发展，名手辈出，精彩的对局也随之出现，为了便于欣赏和研究，有些围棋爱好者便把实战的对局记录下来，并且把它们汇编成了集子，流传于后世，这就是围棋史上有名的“吴图”。从此可以看出，在东吴时期，人们喜好、研究围棋并留有资料，这种举动对围棋的发展起到了很大的推动作用。

围棋不仅在上流社会中很流行，在民间也有很多爱好者，且水平还比较高，具有代表性的有严武、马朗等。在《三国志·卷六十三·吴书十八·赵达传》注引《吴录》中有这样一段记载：“严武字子卿，卫尉畯再从子也，围棋莫与为辈。宋寿占梦，十不失一。曹不兴善画，权使画屏风……及范、惇、达八人，世皆称妙，谓之‘八绝’云。”据《隋书·经籍志》记载，马朗，字绥明，撰有《围棋势》二十九卷，后世把严武、马朗并称为“棋圣”，可见马朗的围棋造诣也是非常高的。围棋在三国时期的东吴有了前所未有的发展，上至士大夫、军事将领，下至平民百姓都对围棋有所了解，可见其普及程度之高。

南朝围棋风气极盛，弈棋人员遍及社会各个阶层，这是前所未有的。南朝历代帝王中都有下棋成癖的人，有的人下起棋来通宵达旦，甚至还把下棋作为赌注。梁武帝萧衍就对下棋很痴迷，在《南史·卷二十五》中记载：“每与对棋，从夕达旦。”梁武帝听说到溉家中有一块玲珑剔透的奇石，他就和到溉打赌下棋，并且以一部《礼记》作为赌注。宋文帝刘义隆与羊玄保也进行过赌棋。史书上记载宋文帝喜好下棋，常诏羊玄保进宫对弈。某日兴致甚高，竟以宣城太守一职作赌注，结果羊玄保赢了，宋文帝也兑现了诺言。宋文帝棋瘾上来后，不论时值几何，总派人诏羊玄保。某次羊玄保得到急诏时，自言自语道：“如此着急诏我会是什么事呢?”一旁的儿子脱口而出：“当然是下棋的事了。”羊玄保为官清廉，不谋私利，能以百姓为重，得到宋文帝厚爱，宋文帝常与臣下说：“每有好官缺，我未尝不先忆羊玄保。”后羊玄保任会稽太守，远离京城不能及时应诏，宋文帝竟派褚思庄（棋艺第二品）前往与羊玄保对弈，还将对局过程记录下来，带回京城到宋文帝面前复盘。这是历史上最早的记谱、复盘的记载。南朝时期越地的围棋水平在全国处于领先地位，在《南史·朱异传》中记载：“朱异字彦和，吴郡钱唐人也。祖昭之，以学解称于乡……异博解多艺，围棋上品。”

由于弈棋之风盛行于朝野，南朝时期不仅出现了众多围棋高手，而且还出现了评定棋艺高低的“棋品制”。棋品制参照九品中正制，将天下棋手分为9个等级，也称作“九品”。在宋朝李逸民撰的《忘忧清乐集》中收录了张拟撰的《棋经十三篇》，其中记载：“一曰入神，二曰坐照，三曰具体，四曰通幽，五曰用智，六曰小巧，七曰斗力，八曰若愚，九曰守拙。”这种棋品制的评定有两种方式：一是由皇帝任命的举世公认的围棋大师来负责评定；二是在围棋公开对抗赛中产生的。两种方式中都会有人滥竽充数，只因他们和权贵有莫大的关系。在南朝时期举行过两次全国性的围棋比赛。第一次是齐高帝萧道成组织的赛事，他亲任总裁判，当时全国的围棋高手云集都城建康，经过激烈角逐，最终邪人王抗为第一名，称为“棋圣”，吴郡人褚思庄和会稽人夏赤松并列第二。从这次赛事上看，会稽人夏赤松的围棋水平相当高超，在《南齐书·萧惠基传》中评价夏赤松的围棋风格是“思速，善于大行”。而第二次全国性围棋公开赛则是梁武帝萧衍统治时期举行的，有278人成为榜上的入品人，其中竟然有个8岁的吴郡围棋选手——陆琼，当时还轰动了京师。

宋代是中国围棋大发展的时期，《武林旧事·卷六·诸色伎艺人》中列为“棋待诏”的就有15人（包括象棋手），可见宫廷之中围棋之风的盛行。宋代围棋的普及表现为一般士人和普通百姓的善弈。士人的生活离不开棋，文人雅士以棋艺作为体现个人修养和情操的重要标准，追求高雅清俊、淡泊宁远的精神境界，“楚江巫峡半云雨，清簟疏帘看弈棋”，正是在宁坐对弈、凝神黑白的“神交”之中，君子情怀和名士志趣才得以交流通达，在角力斗智、奋勇拼杀的过程中，捕捉时机、把握变幻。婺州义乌人宗泽是北宋名将，他也酷爱围棋。乐清人王十朋是南宋著名的政治家、诗人，也是围棋爱好者，他在《悼演述二老僧》中写道：“社中对酒日初永，林下围棋秋始清。”南宋著名爱国诗人陆游也酷爱围棋，他写的关于围棋的诗多达上百首，如《悲秋》《残腊》《出游》等，围棋犹如他生活中的一部分，他通过诗句把下棋记录下来。围棋不仅在上流社会盛行，也是普通百姓日常生活中的一项娱乐项目。在城市中还出现了专门以围棋技艺谋生的“棋工”，据《鹤林玉露》记载：“陆象山少年时，常坐临安市肆观棋，如是者累日，棋工曰：‘官人日日来看，必是高手，愿求教一局。’象山曰：‘未也，三日后却来。’乃买棋局一副，归而悬之室中。卧而仰视之者两日，忽悟曰：‘此《河图》数也。’遂往与棋工对，棋工连负二局，乃起谢曰：‘某是临安第一棋手，凡来著者，皆饶一先。今官人之棋反饶得某一先，天下无敌手矣。’”这个故事一方面说明了陆象山的悟性之高，另一方面也说明临安城中围棋的盛行与普及程度。不仅在京城临安，在地方州县中也有围棋爱好者聚会、切磋、学习的场所，一般都是一旬一集，南宋中期的名臣楼钥曾赋诗道：“棋社经年能几回，身闲深幸屡参陪。一旬又见朋簪集，三径还应听屐开。休苦索居徒面壁，何如相遇且衔杯。虽由药裹宽初约，不碍重寻旧雨来。”

围棋在宋代作为一种全民性的体育娱乐活动，自然是高手辈出，这些人中有不少就是越地人或与越地有些许关系的人。据宋代成书的《春渚记闻》记载，江西人刘仲甫是宋太宗时期著名的围棋高手，他在入京应征棋待诏时，途经杭州，知道杭州棋手辈出，就准备在这里先与众高手切磋棋艺。他在旅馆的门口悬挂一面旗，上写“江南棋客刘仲甫，奉饶天下棋先”，并出300两银子作为胜者之赏金，观者四集，纷纷推出高手前来应战。尽管最后刘仲甫打败了杭州棋手，但他自己也声称杭州棋手云集，自己胜出并不容易，由此可见北宋时期杭州城中的围棋活动之盛。后来刘仲甫离杭入京，据说20年没有对手。然而，有道是强中自有强中手，衢州人祝不疑入京参加礼部考试时，被朋友拉去与刘仲甫对弈，让这位国手“再三叹服”。能让20年无敌手的国手叹服，说明越地围棋水平的高超。正是由于宋代围棋活动之盛，统治者之重视，宋人对围棋经验的总结、整理和撰述有很多，为后人留下了宝贵的文化财富。仅南宋御书院棋待诏李逸民辑著的《忘忧清乐集》就收有北宋张拟的《棋经十三篇》，以及南宋初年著名国手刘仲甫的《棋诀》四篇和《诸国手野战转换十格图》《开局棋势诸图谱》等。张端义所著的《贵耳集》记载：“孝宗万机余暇，留心棋局，诏国手赵鄂供奉。”在统治者的大力推动下，宋代形成的具有指导意义的围棋资料，对围棋的发展起到了推动作用。

明清时期，围棋迎来了发展高峰，明初的相子先，“知诗工画，尤精于弈，洪武中，(应)召至京，燕王与弈，所赐有龙弈具”。(《青田县志》)永乐初，相子先和楼得达同被召至京，明成祖朱棣“命二人对弈……得达弈屡胜……遂命吏部给冠带”(《宁波府志》)。弘治年间，“九成以棋游京师，尽一时棋士，对局皆屈”，明孝宗朱佑樘召赵九成试之，“果压流辈”，乃誉为“国手”，“命官鸿胪寺班供御”(《宁波府志》)。明代产生了很多围棋高手，推动了围棋的进一步发展，衍生出不同派别。在《弈人传·卷十二》中记载：“隆庆(1567—1572年)、万历(1573—1620年)间，弈家号称三派：曰永嘉派，以鲍一中为冠，李冲、周源、徐希圣附之；曰新安派，以程汝亮为冠，汪曙、方之谦附之；曰京师派，以颜伦、李釜为冠。”不仅围棋棋手众多，评论家也有很多，如赵九成、范洪、鲍一中、林应龙、汪曙、李冲、岑乾、王思人、冯元仲等围棋棋手和围棋评论家。明代不仅有爱好下棋者，观棋、咏棋之风也十分盛行，明代小说家李渔不仅自己好棋，还竭力提倡女子学棋：“弈棋尽可消闲，似难借以行乐；弹琴实堪养性，未易执此求。以琴必正襟危坐而弹，棋必整槊横戈以待。百骸尽放之时，何必再期整肃？万念俱忘之际，岂宜复较输赢？常有贵禄荣名付之一掷，而与人围棋赌胜，不肯以一着相饶者，是与让千乘之国，而争箪食豆羹者何异哉？故喜弹不若喜听，善弈不如善观。人胜而我为之喜，人败而我不必为之忧，则是常居胜地也。”李渔认为下棋不如看棋，自己支持的一方胜了开心，即使是落败了也不必忧伤，只是一种娱乐罢了。在李渔看来，琴棋书画四艺之中，棋最为重要。棋弈可以使女子消磨时间，免生妄念。

清朝时期围棋尤为盛行，越地的棋手不仅数量多，且棋艺高超，居全国首位。围棋评论家邓元鏸在《国朝弈家姓名录》中记载，清代围棋分为五等，而第一等有9人，其中有4位为越地籍棋手，约占全国棋手的44%。而在黄俊的《弈人传·例言》中也有记载："至清代尤称极盛。过（伯龄）、周（懒予）、黄（龙士）、徐（星友），导源初元；梁（魏今）、程（兰如）、施（襄夏）、范（西屏），继轨中叶；道咸以降，十八国手；陈（子仙）、周（小松）而后，阒无其人。"范西屏、施襄夏两人都是海宁人，年龄也相仿，他们的围棋水平都很高超，相继成为国手后就各奔东西了。据《国弈初刊·序》引胡敬夫的话，范、施二人在雍正末、乾隆初年曾在京师对弈10局，可惜这10局棋的记录现已无处找寻。后来范、施二人在平湖下了13局棋，现存11局，这就是著名的"当湖十局"。"当湖十局"下得惊心动魄，不仅是范西屏、施襄夏一生中最精妙的杰作，也是我国古代对局中的登峰造极之局。范西屏著有《桃花泉弈谱》，施襄夏著有《弈理指归》《弈理指归·序》，施襄夏去世后，他的学生李良为他出版了《弈理指归续篇》。范、施二人不仅个人棋艺高超，他们留下的理论著作对后世的影响也极大。

民国时期，越地嘉善青年高手顾水云的棋艺闻名全国，他有两位高徒，一位是世界棋坛巨匠吴清源，后期又收陈祖德为徒，陈祖德是中国棋坛代表人物之一。杭州"喜雨楼"茶室是一个棋类活动场所，创于1914年，停办于1958年前期，下棋水平较好的有嵊县（今嵊州市）的裘成法、诸暨的斯仲渊、杭州的戴文龙、嘉兴的曹君富、丽水的许琪等。① 20世纪60年代后，围棋的外事活动渐渐多了起来，日本棋院濑越宪九段率团访华，与国手在杭州、上海对弈。1962年浙江省围棋队正式成立，后来日本围棋代表团访华，与国手在杭州饭店对弈，中国围棋代表团又去日本访问，也有浙江省代表参与其中。到了21世纪，浙江省的围棋发展已经步入正轨，有业余围棋联赛、少年儿童围棋锦标赛、青少年围棋锦标赛和大学生围棋锦标赛等各种赛事，而且各个市、县每年也都有各种围棋比赛。中国围棋棋手至今共夺得44个世界冠军，而浙江就占了11个，其中柯洁一人独得8个，马晓春2个，俞斌1个。柯洁1997年出生于丽水市莲都区，

---

① 浙江体育志编纂委员会，2003. 浙江体育志［M］. 北京：方志出版社，71.

2003 年正式开始学习围棋，2008 年入段成为职业棋手，2020 年第 25 届“三星杯”世界围棋大师赛中，柯洁获得了人生中的第八个世界冠军，成为中国围棋史上最年轻的八冠王。马晓春 1964 年出生于嵊县，1978 年，马晓春获得中国少年围棋锦标赛第二名，并入选国家体委围棋集训队。10 岁时马晓春参加浙江省少年儿童围棋赛，取得了第三名的好成绩。19 岁时马晓春晋升九段，成为当时中国最年轻的九段棋手。后来他主要从事教练工作，培养出了常昊、罗洗河、古力等优秀棋手。俞斌 7 岁学棋，11 岁进体校，12 岁进集训队，1983 年进入国家围棋队，获得国家各类围棋赛事的冠军，在 1997 年和 2004 年的亚洲电视快棋赛中获得冠军。2017 年，俞斌入选“2017 CCTV 体坛风云人物年度最佳教练奖”候选名单。更为重要的是，马晓春和俞斌分别是中国第一位和第二位世界冠军获得者。浙江省文化底蕴深厚，1991 年中国围棋协会授予嵊县全国“围棋之乡”称号，2011 年衢州市被中国围棋协会正式授予全国“围棋之乡”的称号，可见，浙江省围棋的传承与发展是有良好脉络的。

二、象棋

象棋是大众性的体育娱乐活动之一，其起源的说法众说纷纭，但有一点却是肯定的，它充满了智慧的趣味，从其诞生之日起就要求弈棋者斗智斗巧，是一种模仿战争的游戏。春秋时期，六博棋已经非常流行了，在《楚辞·招魂》中有关于象棋的记载：“菎蔽象棋，有六簙些。分曹并进，遒相迫些。成枭而牟，呼五白些。”这里的“象棋”一词应该是文献中最早的记载了，但这里所说的象棋并不是指现在象棋的意思，而是指棋子用玉石（即菎）做成的相当于骰子（即蔽）大小的象棋，意指其使用材料，双方各有六颗棋子，比赛的方法是分曹并进（指必须两人或两组对局联赛），相互进攻，直到把对方逼迫到无路可走，成为死路时，最后是赢者“牟”（指成倍）取胜利。西汉刘向在《说苑·善说》中记载，雍门子周以琴见孟尝君说：“今若足下千乘之君也……燕则斗象棋而舞郑女。”意即雍门子周劝孟尝君，不妨也像“燕”国一样，斗斗象棋、观观歌舞什么的，逍遥自在。可见，象棋在初创时期原本是一种游戏。

宋代时期就有了“象棋”的叫法，在清代钱彩、金丰等创作的历史小说《说岳全传》中有宋太祖赵匡胤与陈抟下象棋赌输了华山的故事，当年赵匡胤还是后周世宗柴荣手下一名将领的时候，有一次路过华山，与陈抟赌过棋。赵匡胤在下棋时，精心签度，若着进遏，下得滴水不漏，奔至中残局，胜利在望。然而世事难料，结果被陈抟反赢了赵匡胤 200 两银子。赵匡胤懊恼之际，推说军情紧急，身上没有带这么多银两，想要一走了之，陈抟却不放人，他请小育龙柴世宗、饿虎星郑子明做中保，让赵匡胤写下了关于华山的文契。后来赵匡胤登了基，陈抟便带了文契下山，到京贺喜。宋太祖不食前言，便将华山封给了陈抟，并且还免去了华山附近黎庶的征徭。这个故事在民间流传很广，并且还载入了县志。清初吕留良所著的《象棋话》记载：“《华阴县志》载，宋太祖落魄时，曾游华山，与希夷老人（指陈抟，宋太宗赐号希夷先生）对弈象棋，太祖负于陈，遂于即帝位时罢免华山附近黎庶之征徭，以示不食前言，今犹有遗迹存，可证。”并有《赐陈抟》一诗：“曾向前朝出白云，后来消息杳无闻。如今若肯随徵召，总把三峰乞与君。”相传陈抟还热心于推广象棋活动，当过象棋教练，为了将自己一生的下棋心得传授给后人，他悉心编写了一部象棋教材。在《百变象棋谱》原序中说：“赵宋之时，陈抟善棋，尝为谱以教人，精蕴毕宣，降及于今，代远年湮，坊间刻本，每多残缺，难窥全豹。”这个故事虽无从考证，但流传甚广，宋朝统治者的喜好直接影响着棋类活动的兴衰。在他们的大力推崇下，宋代涌现了一大批象棋爱好者，如王安石、秦少游、刘克庄、李清照、叶潜仲等，其中文学家洪迈撰写了《棋经论》，成为早期的象棋理论家。

北宋诗人梅尧臣，赐进士出身，曾做过主簿，为国子监直讲，累迁尚部官员外郎。工诗，与苏舜钦齐名，与当时做京兆尹的欧阳修是好友。梅尧臣出身于农家，幼时家境贫寒，但他却酷爱读书，他的诗都比较关注现实内容，题材广泛，属于现实主义诗人，并传有诗集《宛陵先生集》。其中有一首《和范景仁王景彝殿中杂题三十八首并次韵　其二十八　象戏》：“象戏本从棋局争，后宫龟背等人情。今闻儒者饱无事，亦学妇人闲斗明。堂上有奇谁可胜，樽中赌酒令方行。直驱猛兽如寻邑，何似升平不用兵。”梅尧臣所在的时期重文轻武，他也非常反对重文轻武，从他的《象戏》中可以看出他是怎么看待下棋的，第一句中“象戏本从棋局争，后宫龟背等人情”，他认为象戏只不过是在棋盘上争来争去，就像唐时后宫里妇女玩的龟背戏一样。第二句“今闻儒者饱无事，亦学妇人闲斗明”意思是近来听说有儒者吃饱了撑得难受，也学后宫里的妇女，用下象棋来消磨时光。第三句“堂上有奇谁可胜，樽中赌酒令方行”，堂上只看到下棋的儒者相互阴谋欺诈、争胜好强，哪里还有一点儒者的礼仪谦让，并且还以输赢来赌酒（“奇”的相对面是“正”。“正”即儒家的仁、义、礼、智、信等。“有奇”的意思是只有“奇”而没有“正”）。第四句“直驱猛兽如寻邑，何似升平不用兵”，像王寻、王邑那样驱赶着猛兽打仗，哪里比得上今天儒者歌舞升平、罢兵休战呢？从他的诗句中不难看出，他对儒士们下棋之风的不满，认为他们完全丢失了儒家礼仪谦让的风范，就同后宫的妇人一样，甚至还用下棋来赌输赢，让他感到气愤，最后一句的反问，比较隐晦地用来阐说自己的观点：象棋是与打仗有关的棋戏，儒者是文人的代表。由于实在找不到与儒者有关的战事，唯一拐弯抹角地与“儒者”有那么一点牵扯的就是昆阳之战，而昆阳之战又是“儒者”以多败少的著名战例，所以梅尧臣勉为其难地拿来说明打仗与文人的关系，就好比儒者下象棋，形同儿戏，是靠不住的。

程颢不仅是北宋著名的哲学家、教育家，也是北宋理学的奠基人，被世人称为“明道先生”。他的《明道先生文集 · 卷一 · 象戏》中有记载：“大都博弈皆戏剧，象戏翻能学用兵。车马尚存周战法，偏裨兼备汉官名。中权八面将军重，河外尖斜步卒轻。却凭纹楸聊自笑，雄如刘项亦闲争。”

程颢认为象棋于兵法有益，而且从他的诗词中可以看出他是会象棋的。司马光首创的《七国象棋》是根据战国时期的七国来布局的，棋盘正 A–1 纵横各 19 路，分东南西北四力，中央为“周”，这样的布局突出了战国时期以周天子为代表的中央集权。8 种不同颜色的棋子，分别为周黄、秦白、楚赤、齐青、燕黑、韩橙、魏绿、赵紫。全盘一共 120 粒子，其中一粒黄色的“周”放在棋盘正中央，余下的 119 粒棋子，分成 7 队，每队 17 粒子，其中将 1 个，偏、裨、炮、弓、弩、行人各 1 个，刀 2 个，剑、骑各 4 个。北宋时期，在统治者的推动下，象棋经过多次改良后基本定型。

南宋时期象棋得到普及与推广，越地由于没有受到战争袭扰，加上文化中心的南迁，使杭州成为经济文化中心，南宋时期嬉戏玩乐的风气并没有因为金人的入侵而消弭，杭州的奢华、娱乐之风盛行，上至达官贵族，下至平民百姓，进一步推动了棋类运动的发展。尤其是在宋孝宗时期，象棋得到空前的发展，其设置的棋待诏机构中人数众多。在《武林旧事·卷六·诸色伎艺人》中列举有“御前应制”“御前画院”“棋待诏”等55个行当，有500多人，其中的“棋待诏”一项说：“郑日新（越童），吴俊臣（安吉吴），施茂（施猢狲），朱镇，童先，杜黄（象），徐彬（象），林茂（象），礼重（象），尚端（象），沈姑姑（象，女流），金四官人（象），上官大夫（象），王安哥（象），李黑子（象）。”北宋的弈棋之风在南宋时期得到延续，弈棋机构相对较大，在上述记载的15人中标注“象”字的就是象棋棋待诏，由此可见象棋活动的盛行。明代的陈继儒在校刊了《武林旧事》之后，写了一部《太平清话》，其中也有提到：“孝宗奉太皇帝寿，一时御前应制多女流也，棋为沈姑姑……皆一时慧黠之选也。”在这些棋待诏中，有些是来自民间的艺人，如郑日新是越州（今绍兴）的著名神童，小时候就擅长围棋，故外号叫“越童”；吴俊臣是安吉（今越地湖州）人，外号叫“安吉吴”；施茂的外号叫“施猢狲”……从名号上看，他们基本上都是来自民间的棋手，可见象棋在民间的普及程度，已然成为人们饭后茶余的消遣项目之一。

象棋从上至下的普及程度之高，使象棋棋谱也得到了进一步的发展，《金鹏十八变》是现存的第一部比较完整的象棋棋谱，关于《金鹏十八变》的著作年代学术界存在争议，但不管如何，它促进了象棋的发展。《金鹏十八变》棋谱中提出的一些布局在当时还是比较新颖的，如在当头炮流行棋坛之时，提出了顺炮以横车对横车，观点比较新奇。有学者认为《金鹏十八变》在棋谱布局上着重战术性的斗争，而忽视战略性的部署，在战术上又偏重于攻杀而忽视防守，粗糙的痕迹在所难免。在《棋经论》中出现了较为完整丰富的象棋术语，对各种同势的优劣得失作了扼要阐述，并指明了攻防要点，其语言朗朗上口，显然是在反复实践的过程中长期积累下来的。虽然保存下来的这些资料有欠缺的一面，但其具有的划时代意义是不可否认的，对推动象棋发展也具有一定的意义。象棋活动的普及与发展也大大推动了棋具的不断改进，不同社会层次的人们对棋具的需求不同，上层社会的人们对象棋棋具的要求较高，这样就诞生了比较精美的象棋棋具，如蔡伸的《临江仙》中的“镶牙携子缕金团”，是用洁白的象牙雕琢而成的圆形棋子，周紫芝的《阮郎归》中的“小玉盘”则是指棋盘用玉装饰，造型富丽美观，大多是贵族阶层奢侈享乐的用品。洪迈在《夷坚志·夷坚支景卷第四·琴台棋案》中关于棋台的记载：乾道初（1165 年），内侍陈源坐罪谪郴，诏籍其家赀出鬻。将作吕丞义卿得二物：其一琴台，虢州月石所斫，色紫而理细，茂林修竹，江村小景，工妙不可名状，四脚各以缓丝绦系降真香镕子一枚。其一象棋桌，高一尺五寸，阔二尺五寸，空中以贮棋盒，四周有阑，沉香为局面，牙栅界之，其外用乌木花梨白擅，数匝缘饰，以降真香刻水浪加金填，而浪头填以银，芬芗袭人。

从上面这一段记录可以看出，作为内侍的陈源坐罪，当时的大官洪迈把所看到的经历真实地记录了下来，其中有关于琴台和棋桌的描写，从大小、所用材料等方面将其的精致和考究描写得淋漓尽致，堪称稀世奇珍，也从中看出权贵之家的奢华糜烂。在权贵之家象棋桌不仅仅作为棋桌使用，还作为厅堂的华贵陈设，不仅追求豪华型装饰，也把它作为一种高贵奢华的象征。鄞县的陈允平长期居住在钱塘，与张炎、周密等人相交甚密，在他所著的《西簏诗稿》有一首诗《观奔象棋》：“阵势频分合，机锋互应酬。马飞关塞月，砲落汉天秋。不问知心友，翻成敌面仇。谁能劳胜负，独立大江流。”

周密是陈允平的好友，山东济南人，后久居越地。他所著的《武林旧事》中就有很珍贵的象棋史料，《武林旧事》描写全面，对研究南宋的政治、经济、文化和社会等方面都有很大的参考价值。他在《草窗词》中有一首词描写了女子下棋打发无聊时间的场景。

《浣溪沙·浅色初裁试暖衣》

浅色初裁试暖衣，画帘斜日看花飞，柳摇蛾绿妒春眉。

象局懒拈双陆子，宝弦愁按十三徽，试凭新燕问归期。

这首词生动描写了一位青年妇女因丈夫远行，没有明确的归期，象棋、双陆、琴弦等方式都已经无法排遣她内心的忧愁了。虽说描写的是她的日常消遣，但从这首词中我们可以窥探到晚宋时期，女子象棋活动已经很普及了。

元代象棋的普及程度可以和宋代相比，也较高。元代是我国古代戏曲发展的一个黄金时代，在元代杂剧中也有提到象棋，如无名氏《瘸李岳诗酒玩江亭》第一折："（净牛员外领家童上，云）……小可人鄚州人氏，姓牛名璘，家中颇有些资财，人口顺，都将我员外呼之。平日之间，好打双陆，下象棋，拆牌道字，顶真续麻，无所不通，无般不晓。"这里将双陆、象棋并举，在《快嘴李翠莲记》中已有之，是市井人物的口吻，以后在明代作品中曾有所见。[①]在元代也有涉及女子下象棋的活动，如《梨园乐府》中有元无名氏套曲云：

《点绛唇》

［金盏儿］性温良，貌非常。晓诗书通合刺知棋象，兰心蕙性世无双。

蛾眉频扫黛，宫额淡涂黄。半弯罗袜窄，十指玉纤长。

从这首曲子中可以看出，其所描写的是一位色艺绝世的风流女子，"知棋象"指的就是她会下围棋和象棋，可见象棋在元代女子中也很普及。1956年在元大宁路故城遗址（今内蒙古自治区昭乌达盟宁城县大图城）出土了铜质象棋子，共将、士、象、车、马、炮、卒7种，一面是图像，一面是文字，车、卒直径各2.8厘米，马、炮直径各2.6厘米，似局于商种规格、商套棋具。这批棋子的出土有可靠的地层依据，可以肯定为元代文物。[②]从出土的文物推断，元代时期的铜质品较多，而用铜来做成象棋棋具，也说明象棋在蒙古族是比较普及的。

明代时期我国的象棋发展非常迅速，明太祖的孙子朱高炽在当太子时，不仅爱观看内侍们下象棋，而且自己也爱下象棋。每次下到兴致高时，大家就会赋诗感慨一下，曾子棨有诗云：

---

① 张如安，1998. 中国象棋史［M］. 北京：团结出版社，191.

② 同上。

《咏象棋》

两军对敌立双营，坐运神机决死生。
千里封疆驰铁马，一川波浪动金兵。
虞姬歌舞悲垓下，汉将旌旗逼楚城。
兴尽计穷征战罢，松荫花影满棋枰。

朱高炽也有诗云：

《咏象棋》

二国争强各用兵，摆成队伍定输赢。
马行曲路当先道，将守深宫戒远征。
乘险出车收败卒，隔河飞炮下重城。
等闲识得军情事，一着功成定太平。

从上面的诗中可以看出，朱高炽的象棋是有一定水平的。

由于明代象棋广泛发展，群众基础比较好，比赛频繁，因而产生了许多著名的棋手，具有代表性的人物有李开先，他的《前象棋歌》有“况我年高犹乏嗣，精神收敛，自然无病而繁昌”之句，他认为开展象棋活动有一定的意义，“观之可以畅高情，谓尘虏”“手谈胜与俗人谈”。他在《后象棋歌》中自白：“逃名海岛从今日，坐隐楸枰不论年。招呼众友终朝为戏具，一任人情世事雨覆共云翻。”

《前象棋歌》和《后象棋歌》基本上是李先开的人生写照，从他的自白中可以看出他终日与朋友下棋闲聊，在弈棋的世界中翻云覆雨。在他的象棋歌中记载了许多象棋高手的活动，而且他也结交了很多象棋高手，如陈珍、张希秋、吴唐等。他的象棋歌也涉及了一些象棋理论。明朝时期涌现的象棋爱好者甚多，尤为可贵的是，明末还有一位盲人象棋爱好者张培。张培，字伯凝，乳名赛，山阴（今绍兴）人。五岁从大父为南直隶休宁县令，因该地多糖，他昼夜啖之，遂以暗疾废双目。但他性好读书，博闻强记，尤为精研医理。有一隙之暇，则喜玩古董，葺园亭，种花木，讲论书画，更喜斗骨牌、下象棋、制服饰，知无不为，兴无不尽。

事迹略见于张岱《琅嬛文集》卷四《五异人传》及卷六《祭伯凝八弟文》。[①]明代著名哲学家、教育家王守仁曾写过一首关于象棋的即景诗：

《哭象棋诗》

象棋在手乐悠悠，苦被严亲一旦丢。
兵卒堕河皆不救，将军溺水一齐休。
马行千里随波去，士入三川逐浪流。
炮响一声天地震，象若心头为人揪。

明朝时期除了李开先之外，还有陈珍、张希秋、吴桔隐、吴升甫、蔡荣、朱相、曹场、李静泉、吴唐、臧燃循、秦科、张京及朱晋桢等在象棋方面比较出名的人物。

清代，象棋仍然很受越地民众的喜爱，象棋高手很多，如钱塘的徐远。据《杭州府志》记载："徐远，字星友，钱塘人。工书画，尤长于弈。黄龙士以弈擅长，远晚出，与之齐名。游京师，朱邸多招致之；高丽使者自矜其弈无偶，远与对局，连胜之，由是名益著。晚归，卜居铁野岭，评辑诸家优绌，有兼山堂弈谱行世。兼工象戏，有弃马十八局钞谱，好事者藏之。"从上述记载中可以看出，徐远的围棋水平高超，对象棋也很擅长，并且编有《弃马十八局钞》象棋谱，当时爱好象棋者都有收藏。在《輏轩续志》中也有关于徐远下棋的记载："钱塘徐星友，长于弈，尤擅象棋，遨游燕、赵、齐、鲁间，尽败当地诸名手，有钱塘双绝之誉也!"双绝之称，可见其围棋与象棋水平的高超。温州是越地一个山清水秀的地方，当地的象棋氛围甚是浓厚，强手如林。较早负有盛名的陈望（1848—1905 年），又名瑞华，从事祖传的殷花板手工艺，排行第三，故绰号叫"花板三"。温州的陈笙，他下棋善于用炮，名噪一时，后来被乐清高手张某击败之后，就开始专心开课授徒。其弟子林弈仙，原名银贵，自幼跟随父亲学棋，后跟随陈笙学习象棋，12 岁时就可以和陈笙下成平手，后来与乐清的张某对弈，胜利而归，为师出气。由于其名气越来越大，被称为

① 邢金善，2018. 象棋史话［M］. 北京：社会科学文献出版社，251.

“弈仙”，因而就有了“林弈仙”之称。他善于用当头炮，且在当时屡战屡胜，又有“炮王”的称号，被称为“林大炮”。而温州平阳县的谢侠逊（1888—1988 年），对棋坛的影响也较大。谢侠逊自幼喜好下棋，且家里有一祖传的棋谱《百局象棋谱》，其爱不释手，13 岁时就已经有很高的水平了，他曾与陈笙对弈，一胜一负一和，从此在象棋界声名鹊起。他曾在上海《时事新报》中做编辑兼撰写棋稿，在 1918 年的上海象棋大赛中，谢侠逊和林弈仙分别获得冠亚军，当时参赛的选手有 60 多人，都是棋艺高超之辈，比赛水平较高，竞争激烈，这次大赛对象棋的发展起到了很大的推进作用。有“四省棋王”之称的董文渊，1918 年出生在杭州，以象棋出名兼攻围棋，曾经盛极一时。晚清时期，存留的象棋谱较多，相对较早的有《烂柯神机》，还有后来的《象戏新谱》等。

随着社会的进步，经济的快速发展，传统的中国象棋作为益智类的体育活动，得到了进一步的普及。1962 年中国象棋协会在北京成立，它是中国象棋运动的全国性群众组织，1975 年国际象棋联合会正式接受中国象棋协会为会员。1978 年中国象棋协会加入亚洲象棋联合会，成为该会的第一批会员。1991 年国家体育总局成立了棋牌运动管理中心，其中包括围棋、象棋、桥牌、国际跳棋和国际象棋，1999 年由中国象棋协会编写、国家体育总局审定的《中国象棋竞赛规则》出炉，使中国象棋大型赛事更加规范化。宁波市象棋协会成立于 1989 年，目前协会有象棋大师 5 名，中国象棋国家级裁判 2 名，由象棋大师邱东担任的市业余少年象棋队定期或不定期地进行训练，为宁波市培养了许多优秀的象棋人才。

1956 年，象棋成为国家体育项目以后，几乎每年都举行全国性比赛。大型象棋赛事有：

世界象棋锦标赛（1990 年至今，锦标赛）；

世界智力精英运动会（2008 年至今，锦标赛）；

亚洲象棋锦标赛（1980 年至今，锦标赛）；

全国象棋个人锦标赛（1956 年至今，锦标赛）；

全国象棋男子甲级联赛（2003 年至今，锦标赛）；

全国象棋女子甲级联赛（2013 年至今，锦标赛）；

全国象棋青年锦标赛（团体）（2008 年至今，锦标赛）；

全国象棋青年锦标赛（个人）（2008 年至今，锦标赛）；

“五羊杯”全国象棋冠军邀请赛（1981—2009 年，邀请赛）；

“威凯杯”全国象棋等级赛（2002 年至今，等级赛）；

“杨官璘杯”全国象棋公开赛（2004 年至今，公开赛）；

“九城置业杯”象棋比赛（2009—2010 年，邀请赛）①。

在农运会上也设有象棋比赛项目，在 1992 年的全国农运会上，浙江舟山农民刘幼稚夺得中国象棋男子冠军，他还和队友丁同轩合作，拿下了中国象棋男子团体冠军。为了便于管理和规范棋手，象棋采用注册制度，而象棋运动员还分为注册运动员与非注册运动员，在注册运动员中包括专业棋手和部分业余棋手，只有注册运动员才可以参加职业比赛。按照象棋协会的规定，专业棋手技术等级可分为特级大师、大师、一级棋士、二级棋士、三级棋士；业余棋手等级分为棋协大师、地方大师、业余一至六级。截至 2022 年底，我国一共有男子象棋特级大师 44 人，女子象棋特级大师 26 人。而浙江有男子特级大师 5 人，女子特级大师 1 人，男子象棋大师 14 人，女子象棋大师 17 人。象棋是集文化、体育和游戏为一体的项目，其传承历史悠久，发展形式多样，线上有象棋嘉年华、象棋游戏、网络赛事、象棋软件、象棋网站等，线下有棋类学校、培训基地、期刊、书籍、影视作品等，还有大型赛事、象棋礼仪文化、象棋之乡的评选等活动，随着中国象棋的发展，中国象棋基金会也相应成立，成为推动中国象棋发展的后盾之一。

第二节　越地对抗类体育文化

从劳动生产到军事活动，再到娱乐休闲与健身，体育伴随着人类社会的发展而发展，对胜负的竞争一直是体育存在的意义之一。竞争有直接对抗和间接评判，

① 象棋白皮书——关于象棋现状的调查报告，中体象棋网 . 2021：5.

人们对直接对抗性的体育项目更为追求，因为其直接、刺激，更为吸引眼球。越地体育对抗类项目的发展与中国体育历史发展历程类似。

一、摔跤

摔跤在商周时期称为“角力”，是军队训练的科目之一。春秋战国时期，角力是当时上层社会十分喜爱的一项体育活动。秦汉时期，摔跤称为“角抵戏”，是集竞技、娱乐、表演为一体的体育项目。魏晋南北朝时角抵发展成了摔跤。唐代一般称为角抵，宋代习惯称为“相扑”，盛行于民间，且出现了相扑组织与各类比赛活动。明代摔跤沿用唐代旧称“角抵”，清代称为“跤子”。因此，中国古代的摔跤有“角力”“角抵”“相扑”等多种叫法，它的产生和发展与人类社会的发展是紧密相连的。

西周时期，人们保留着原始社会的捕猎习惯，在捕猎过程中仍会使用手搏。在《史记·律书》中记载：“夏桀、殷纣手搏豺狼，足追四马，勇非微也。”《史记·殷本纪》中记载：“帝纣……材力过人，手格猛兽。”从史料中我们可以看出，手搏猛兽是很让人们崇拜的。在远古时期流传一种蚩尤戏，人们头上戴着牛角，三三两两地相互抵斗，这种民间流传的游戏逐渐发展，在西周时期被称为“角力”，是人与人之间进行的相互搏力。到了春秋战国时期，战争频繁，步兵迅速发展，促进了手搏技能的发展。《左传·襄公二十四年》中有记载：“入垒，皆下，搏人以投，收禽挟囚，弗待而出。”这里的搏斗已经具有专门的技能了。

秦汉时期的角抵是由春秋战国时期的角力演变而来的，两汉时期在宫廷中表演的角抵和音乐、歌舞、杂技等并列称为百戏。在《汉书·西域传》中记载：“设酒池肉林以飨四夷之客，作《巴俞》都卢、海中《砀极》、曼衍鱼龙、角抵以观视之。”把角抵作为一种招待宾客时的表演活动，既是助兴，同时也是国力水平的展示，在这种背景下角抵发展迅速。汉武帝刘彻非常喜爱角抵，不仅在招待宾客时让勇士表演角抵，而且还组织角抵大型表演与比赛。据《汉书·武帝本纪》中记载：“元封三年春，作角抵戏，三百里内皆观；元封六年夏，京师民观角抵于上林平乐馆。”这种表演观众众多，三百里内的民众都来观看，说明不仅皇帝喜爱角抵表演，平民百姓也很喜爱。除了汉武帝刘彻喜爱观看角抵表演外，西汉的汉昭帝刘弗陵、汉宣帝刘病已、汉哀帝刘欣以及东汉的汉顺帝刘保等都非常喜爱观看。而关于秦汉时期的角抵表演和比赛有相关文物和历史资料可以参考。

1974 年，山东临沂金雀山九号汉墓出土了一幅描绘角抵的彩绘帛画，画面中有 3 个人，右侧的人头戴着箭状的头饰，双腕上佩戴着红镯子；居中的人戴着长冠，腰系着红色带子，穿着肥大的袍子，与右边的人怒目相视，两人双手交叉、斗志昂扬，而最左边的人则戴着小帽，着宽衣拱袖，神态严肃。

东汉张衡的《西京赋》中也对角抵有所记载："乃使中黄之士，育获之俦，朱鬘髡髽，植发如竿，袒裼戟手，奎踽盘桓。"这段文字写出了当时角抵表演的现状，都是像中黄、夏育、乌获一样的大力士，头上系有朱红色的抹额，头发梳成笔直如竿朝天的辫子，袒胸露臂，下肢脚步如盘，相互扭打较量。角抵不仅可以在宴会上表演、比赛等，也在军队中作为训练士兵作战能力的手段之一，据《礼记·月令》中记载："（孟冬之月）天子乃命将帅讲武，习射御，角力。"射箭、驾车和角力水平的高低是衡量士兵作战能力高低的标准，将军在冬季对自己的士兵进行检阅，其中检阅的项目就是这些。在《汉书·艺文志》中有"手搏六篇"（已亡佚），其中记载了关于技巧类的动作，这时的手搏基本属于军事技巧了，即在搏斗过程中的踢打扭摔等技能。

南北朝和隋朝时期，角抵还很流行，在《续高僧传》中记载了一个隋朝时期的故事：隋朝初期，有一个非常精通相扑的和尚叫法通，当时有一个叫云大壮的西番人，在京城比试相扑，无人能及，他说："大隋国无健者?"隋文帝杨坚命人找来法通和尚与之较量，法通和尚战胜了云大壮。这不仅仅是民间相扑的技艺交流了，其输赢已然关乎国家尊严了。《隋书·炀帝纪》中记载："角抵大戏于端门街，天下奇伎异艺毕集，终月而罢。"《隋书·柳彧传》中记载："彧见近代以来，都邑百姓每至正月十五日，作角抵之戏，递相夸竞，至于糜费财力，上奏请禁绝之。"从柳彧的上奏中，可以看出隋代的角抵在民间普及度很高，而且已经形成了习俗，在每年的正月十五进行较为大型的角抵表演，其花费开销也较大，可见当时的人们对角抵的追逐与喜爱。

唐朝的皇帝都比较爱好体育活动，他们对角抵也很喜爱。唐玄宗李隆基"每赐宴设酺……大陈山车旱船，寻橦走索，丸剑角抵，戏马斗鸡”。唐宪宗李纯“观击鞠、角剑之戏，大合乐，极欢而罢”。唐穆宗李恒“丁亥，幸左神策军观角抵及杂戏，日昃而罢”。唐敬宗李湛“甲子，观驴鞠、角抵于三殿”。唐文宗李昂“戊辰，幸勤政楼观角抵、蹴鞠”。唐懿宗李漼“咸通中选隶小儿园，寻入相扑朋”。唐僖宗李儇“弱冠登位，为宦官所狎，内园恒备角抵之徒，以备卒召”。[①] 在《旧五代史·李存贤传》中还记载了后唐皇帝庄宗李存勖因角抵比试赏赐李存贤一郡的事情。“存贤少有材力，善角抵。初，庄宗在藩邸，每宴，私与王郁角抵斗胜。郁频不胜，庄宗自矜其能，谓存贤曰：‘与尔一搏，如胜，赏尔一郡。’即时角抵，存贤胜，得蔚州刺史。”在唐代皇帝的大力推动下，民间角抵活动也很盛行。据《吴兴杂录》中记载：“唐，中元节，俗好角力相扑，云避瘴气也。”在这个文献中清晰地记录了角力相扑已经成为唐朝民俗节庆中的一项活动。《角力记》中记载：“鄱阳、荆楚之间，五月盛集，水嬉则竞渡，街坊则相攒为乐。”相攒在这里是摔跤的意思，摔跤在民间很普及，也出了很多名人。据《角力记》中记载，有一个摔跤能手，因为他在摔跤中获得了很多场次的胜利，外号“蒙万赢”，得到的赏赐很丰厚。“万赢”虽说有些夸张，但从中我们也可以看出唐朝民间的摔跤比赛场次还是比较频繁的，同时反映了“蒙万赢”摔跤技术过硬，在众多高手中脱颖而出。摔跤不仅要膂力过人，还要讲究技巧性。唐朝时角抵不仅在宫廷和民间盛行，也曾作为军队的训练项目。《唐语林》中记载：“李相绅督大梁日，闻镇海军进健卒四人，一曰富仓龙，一曰沈万石，一曰冯五千,一曰钱子涛，悉能拔橛角抵之戏。”后来冯五千脱颖而出，其他 3 人退回了本营。角抵在军营中亦作为表演的娱乐活动之一，在《新唐书·兵志》中记载：“六军宿卫皆市人，富者贩缯采，食粱肉，壮者为角抵、拔河、翘木、扛铁之戏。”

宋朝建立后，大约与都城所在地有关，相扑活动之风日益兴盛。随着商品经济的发展，相扑活动也走上了商业化的道路，故较之唐、五代更为普及，成为宋代体育活动中的重要内容之一。宋代的相扑其实就是西周时的“角力”、秦以后的“角抵”和现在的“摔跤”，并非现代意义上的相扑。吴自牧在《梦粱录·卷

① 刘秉果，1987. 中国古代体育史话［M］. 北京：文物出版社，44.

十二·角抵》中说："角抵者，相扑之异名也，又谓之'争交'。"说明宋代的相扑、角抵、摔跤等尚无严格的区分，只是名称的不同而已。据《东京梦华录·卷九·天宁节》中记载："第九盏御酒慢曲子，宰臣酒慢曲子，百官酒三台舞。左右军相扑。"到了南宋在宫廷宴会上还有角抵表演，而且还有了专门的名称"内等子"。据《梦粱录·卷二十·角抵》记载："且朝廷大朝会，圣节、御宴第九盏，例用左右军相扑，非市井之徒，名曰'内等子'，隶御前忠佐军头引见司所管，元于殿步诸军选膂力者充应名额，即虎贲郎将耳。"内等子有规定的名额，上、中等各有五对，下等有八对。每三年进行一次，彼此争夺上下名次。

宋代相扑活动兴盛在民间，尤其是在宋室南渡以后，相扑活动得到进一步的发展，民间相扑之风更加兴盛，在行都杭州还出现了"相扑社""角抵社"等专门组织，这些组织的成员大都是职业"角抵"手，"瓦肆"也不下十余处。《梦粱录·卷二十·角抵》记载："瓦市相扑者，乃路岐人（散艺人）聚集一等伴侣，以图手之资。先以女飐数对打套子，令人观睹，然后以膂力者争交。"这种崇尚相扑的风气，使相扑活动得以普遍开展，能手极多，高手辈出，在《梦粱录·卷二十·角抵》中记载，仅杭城"有周急快、董急快、王急快、赛关索、赤毛朱超、周忙憧、郑伯大、铁梢工、韩通住、杨长脚等，及女飐赛关索，嚣三娘、黑四姐众女，俱瓦市诸郡争胜，以为雄伟耳"。在《武林旧事·卷六·诸色伎艺人》中记载："王侥大、张关索、撞倒山、刘子路、卢大郎、铁板沓、赛先生、金重旺、赛板沓、曹铁凛、赛侥大、赛关索、周黑大、张侥大、刘春哥、曹铁拳、王急快、严关索、韩铜柱、韩铁僧、王赛哥、一拔条、温州子、韩归僧、黑八郎、郑排、昌化子、小住哥（陈刻'佳哥'）、周僧儿、广大头、金寿哥、严铁条、武当山、盖来住（陈刻'盖'作'孟'）、董急快、董侥大"等40多人，在诸色伎艺人的记载中，从事以技巧为主的体力活动的人中，角抵人数是最多的。《西湖老人繁盛录》在记述南宋临安城的相扑艺人时说："弟子散乐，作场相扑，王侥大、撞倒山、刘子路、铁板沓、宋金刚、倒提山、赛板沓、金重旺、曹铁凛，人人好汉。"宋代文人中对相扑艺人有如此赞语，评价是很高了。在宋代专门的相扑场所设有各类不同的奖赏，通过比试，最后获胜者得到奖赏。护国寺南高峰露台的相扑竞技水平是最高的，《梦粱录·卷二十·角抵》记载："膂力高强、天下无对者，方可夺其赏。如头赏者，旗帐、银杯、彩缎、锦袄、官会、马匹而已。”不仅如此，还有因此得到官职的：“顷于景定年间……曾有温州子韩福者，胜得头赏，曾补军佐之职。”“相扑社”“角抵社”是在社会需求的推动下产生的，其对促进相扑技艺的交流与发展有着积极的作用。

除了有男子相扑外，在宋代女子相扑也比较活跃，无论是街头卖艺，还是民间瓦市，抑或是宫廷宴会上，均有女相扑手矫健的身影。当时的女相扑手的着装与男相扑手的着装相似，肢体裸露较多，很受文人的抨击。北宋时期司马光就非常反对女子相扑，曾写《论上元令妇人相扑状》，他主张禁止女子相扑，文中记载：“臣窃闻今月二十八日，圣驾御宣德门，召诸色艺人备进技艺，赐予银绢，内有妇人相扑者亦被赏赍。臣愚，窃以宣德门者，国家之象魏，所以垂宪度布号令也。今上有天子之尊，下有万民之众，后妃侍旁，命妇纵观，而使妇人嬴戏于前，殆非所以隆礼法，示四方也。”他认为让妇人裸露于人前，有失礼法，应当禁止，他的思想符合一部分封建士大夫的心理，对女子相扑发展有一定影响，但并没有能够叫停女子相扑。到了南宋，女子相扑仍然有很多人参与，且也不乏高手，据《梦粱录·卷二十·角抵》中记载：“赛关索、嚣三娘、黑四姐”等，都是当时的佼佼者。另《武林旧事·卷一·圣节》记载：临安城教坊司有“女厮扑：张椿等十人。”《武林旧事·卷六·诸色伎艺人》记载：“女飐：韩春春、绣勒帛、锦勒帛、赛貌多、侥六娘、后辈侥、女急快。”这些女相扑手大多是在男相扑手出场之前，先进行表演，以招揽观众。女子相扑艺人是在宋代出现的，但关于女子相扑的记载最早与三国时期的东吴国主孙皓有关，他曾“使尚方以金作金步摇假髻以千数，令宫女着以相扑，早成夕败，辄命更作”。这个时期的女子相扑主要是以娱乐为主，谈不上有什么技巧，但宋代的女子相扑是讲究技巧的，和男子相扑相比也不逊色。在小说《水浒传》的第一百零四回（段家庄重招新女婿　房山寨双并旧强人）中，段三娘与王庆比试相扑，段三娘虽然失败，但“毫无羞怒之色，倒把王庆赞道：‘啧，啧！好拳腿！果是觔节。’”虽说是小说中的片段描写，可都是来自生活，反映了宋代女子相扑在平民百姓中的普遍。

宋代除了两人的相扑表演与竞技之外，还有一种以一人扮演两人的相扑表演，叫作“乔相扑”。所谓乔，就是假扮、假装的意思，是由一个人俯下身子，装着假外套，看上去像两个人相扑。南宋临安城著名的乔相扑艺人有 9 人，在《武林旧事·卷六·诸色伎艺人》中就有记载："乔相扑：元鱼头、鹤儿头、鸳鸯头、一条黑、一条白、斗门乔、白玉贵、何白鱼、夜明珠。"相扑表演在宋代有着极为广泛的群众基础，并在此基础上派生出不同的艺术形式。

元代时期朝廷对汉人学习武术有所限制，使角抵受到一定的影响，元朝是蒙古族建立起来的，作为游牧民族，角抵是他们的传统体育项目之一，在统治阶级中比较受欢迎。在《元史·王约传》中记载："一日，仁宗西园观角抵戏，有旨取缯帛赐之。"在《蒙古秘史》中有记载，成吉思汗在远征前，将汗位委托给某位皇子时，就采用了传统的摔跤形式，拙赤和察哈台二位皇子争汗位，"拙赤起，揪察哈台衣领曰：'……若远射败于汝，则敢断其拇指而弃之。若相搏败于汝，则自倒地勿起之，愿听父汗圣旨裁夺。'"从中可以看出，蒙古族人在继承汗位的问题上，射箭和摔跤都是重要的条件之一。骑马、射箭和摔跤是蒙古族"男子三项竞技"，而这三项竞技也是蒙古族那达慕大会的重要内容。比赛设置的奖励也是很丰厚的，据《元史·武宗二》中记载："至大三年四月辛末，赐角抵者阿力银千两。钞四百锭。"据《元史·英宗本纪》中记载："赐角抵百二十人，钞各千贯。"一次奖赏 120 名角抵勇士，可见在元朝角抵活动比较盛行。元代妇女在社会生活中的地位还是比较重要的，封建礼教的思想对她们影响不大，在"男子三项竞技"的比赛中，妇女也有参加的，有的甚至还胜过男子。据《马可·波罗游记》中的《海都女之勇力》中有记载：国王海都有一女，名叫阿吉尼扬，鞑靼语犹言'光耀之月'。"此女甚美，甚强勇，其父国中无人以力胜之。其父数欲为之择配，女辄不允，尝言'有人在角力中能胜我者则嫁之，否则，永不适人'。……富强国之子，勇侠而甚健，闻此女角抵事，欲与之角，携千马毅然来此国中。二人即至角场，相抱互扑，各欲扑对方于地，然久持而胜负不决。最后，女扑王子于地。"从这则记载中，可以看出女子可以同男子相扑，且女子相扑手的技艺相当不错，在这里也表明当时有女子把相扑作为择婿的标准。还有关于小儿相扑的表演，如赵文的《相扑儿》中的描述："一儿攀肩猿上枝，一儿接臂倒立之。立者忽作踞地伏，攀者引头立其足。飞跳倏忽何轻翾，怜尔骨节柔如绵。少年屈折支体软，红锦缠头酒论碗。此儿巧捷未足称，江南何限无骨人。"

南宋建都临安，蒙古族崛起并灭了南宋后，为了巩固政权，对越地的统治是比较残暴的。统治者通过武装镇压进行民族压迫，越地人的各种苛捐杂税繁重，娱乐活动受到严重打压。《元史·刑志》中规定："诸弃本逐末，习用角抵之戏、攻刺之术者，师、弟子并杖七十七。"严格的律法规定，使角抵项目没有了发展的空间。

明代时期的角抵没有唐宋时期开展得那么普及，但在军队和民间也有角抵活动。在《明史纪事本末·卷四十九·江彬奸佞》中记载："上尝于西内练兵，令彬等率兵入习营阵，校骑射，或时为角抵之戏。"《明史·江彬传》中也有记载："每团练大内，间以角抵戏。"在军队训练中，角抵除了作为当时训练士兵的主要手段外，也曾作为军营内的娱乐手段之一。在《明史·江彬传》中有较为详细的描写：宦官江彬所带领的士兵骄横，引起南司马乔白岩的不满，遂"命于南方教师中，取其最矮小而精悍者百人"，每日专门寻找江彬所领的士卒，并约定在校场比武。"南人轻捷跳跃，行走如飞，而北人粗坌，方欲交手，被南人短小者或撞其胁肋，或触其腰胯，北人皆翻身倒地。"在张岱的《陶庵梦忆·卷五·扬州清明》中记载了清明时节郊外的各种体育活动，"浪子相扑，童稚纸鸢"，说明在江南相扑已经成为民间的一项习俗活动了。

清代时期的摔跤活动还是比较盛行的，摔跤本就是满蒙的习俗活动，摔跤在满语中叫"布库"。清朝王室提倡布库，一则可以训练士兵，二则可以与蒙古族的诸王联欢，促进联系。在军队中设有"善扑营"，分为三部，其中一部就是善扑。两人相扑为戏，以摔倒对方者为优。而编入善扑营中的角抵人员被称为"扑户"，扑户按照技术的优劣分为三等，按照等级领取钱粮。他们平时主要锻炼身手，借助各类工具练习脚力、臂力和腰部等。在得舆的《京都竹枝词》中有关于善扑营的描写："布靴宽袖夜方归，善扑营中个个肥，燕颔虎头当自笑，但能相搏不能飞。"扑户既可以表演，也可以做护卫。在遇到宫廷宴会时，他们会表演摔跤，尤其是每年的农历十二月二十三，俗称"小年"，皇帝会在宫中的养心殿观看摔跤表演，名曰"料灶"。而在正月初九，在紫光阁观看扑户与蒙古族之间的相搏，名曰"客灶"。清王朝时期，皇室很注重与蒙古族的联系，摔跤作为两个民族共同爱好的活动，是统治者加强和蒙古族关系的一种手段，皇帝经常会和诸王进行宴会和比赛。扑户还担当着侍卫宫廷、保卫皇权的使命，康熙曾利用布库收回了皇权。

据《竹叶亭杂记》中记载："选小内监强有力者，令之习布库，鳌拜或入奏事，不之避也。鳌拜更以帝弱，且好弄，心益坦然。一日入，帝令布库擒之，十数小儿执鳌拜，遂伏诛。"康熙利用布库，诛杀鳌拜，不仅体现了他的英明果敢，同时体现了布库的技巧及水平高超。除了皇室贵族和军队中练习布库以外，布库在民间也作为娱乐活动开展，据《都门琐记》中记载："杂要诸技，皆村民为之，北人好技勇，故俗使然也。寻橦、履绳、角抵之戏，不足为役。"晚清时期，受西方体育的影响，越地的体操专科学校以及各地的体育会相继出现，西方的体育项目在学校体育教学中出现，但也有部分传统体育项目被保留下来，在小学的课堂教科书中出现角力、摔跤等插图，此时在叫法上仍为角力或摔跤。其实，在清代时期摔跤有两种形式，一种是"布库"，属于满族的摔跤形式；另一种是"厄鲁特"，是指"袒裼而扑，虽蹶不释，必控首屈肩至地，乃为胜"。胜负取决于是否肩背着地，这和现在的国际式摔跤有些类似。

现代摔跤是奥运会的比赛项目之一，分为古典式摔跤和自由式摔跤。1912 年国际业余摔跤联合会成立；1953 年中国摔跤协会成立，并于 1954 年加入国际摔联，1958 年退出，后来在 1979 年恢复了国际摔联的会员身份。1935 年第六届全国运动会上设置的国术比赛中包括了摔跤项目。1936 年曾举行过女子摔跤比赛。1948 年第七届全国运动会上新增了四项比赛项目：乒乓球、摔跤、拳击和举重。1953 年中国式摔跤被列入国家体育运动竞赛项目，并举行了全国比赛。1956 年，颁布了《中国式摔跤运动员等级制》，1957 年颁布了《中国式摔跤规则》。在 1959 年第一届全国运动会上，中国式摔跤被列为正式比赛项目，1994 年的第七届全运会又取消了该项目。中国式摔跤运动员按体重分为 10 个级别。现在的摔跤比赛有全国少年赛、全国青年赛、全国锦标赛、全国冠军赛等。

1978 年浙江省农民体育协会成立，为了传承民间的传统体育，各地乡镇的农民也相继成立了体育协会，建立了一些体育队伍，如游泳队、摔跤队、龙舟队、围棋队等，摔跤运动在民间得到保护与发扬。1984 年浙江省摔跤队成立，1988 年浙江省首届农民运动会在杭州举行，其设置的比赛项目就有中国式摔跤。全国农民运动会上也设有摔跤项目，在这 30 多年的发展历程中，浙江省摔跤队经历了一穷二白的时期，在 2003 年迎来发展节点，盛江获得的第一个全国古典式摔跤锦标赛冠军，把浙江省摔跤队推进到一个全新的发展阶段。浙江省摔跤队在古典式摔跤项目上已荣获过奥运会铜牌、亚洲锦标赛冠军、全运会冠军等各类奖项，共有 7 人 20 次获得了全国锦标赛和冠军赛的冠军。浙江省的男女自由式摔跤获得了跨越式的发展，在 2013 年全运会上，浙江省自由式摔跤男女运动员各获得一个第五名，实现了浙江省自由式摔跤在全运会上的突破，2014 年全国摔跤冠军赛，浙江省女子摔跤队获得了两枚金牌。2017 年全运会，浙江省女子摔跤队取得第三名的好成绩，实现了浙江省自由式摔跤在全运会上奖牌的突破。2018 年浙江省摔跤队在全国摔跤锦标赛获得团体第二名，在 2019 年全国摔跤锦标赛上，浙江省古典式摔跤和自由式摔跤又各斩获两枚金牌，浙江省摔跤队昂首阔步迈入了全国摔跤强队行列，2021 年，浙江省摔跤队在全国摔跤锦标赛上获得一金一银，且有 5 人获得全运会门票，浙江省的摔跤项目发展喜人。

30 多年来，浙江省摔跤队为国家输送了很多人才，培养了很多摔跤名将，例如，担任过省队教练和国家队教练工作的盛江，他是浙江省摔跤史上获得全运会冠军的第一人，参加过四届全运会，分别是 2001 年、2005 年、2009 年、2013 年，并在 2013 年全运会上获得了 60 公斤级冠军。他还曾代表中国参加过三届奥运会，分别是 2004 年、2008 年、2012 年，并在 2008 年北京奥运会上获得 60 公斤级第五名，2010 年还获得亚洲古典式摔跤锦标赛冠军，2003—2013 年，他一共获得 13 次全国冠军，并在 2018 年全国摔跤锦标赛古典摔跤团体赛中获得第二名，浙江省的古典式摔跤队员除了盛江外，还有郑军、李微、崔晓东等。

二、蹴鞠

蹴鞠是中国传统文化中的亮丽风景之一，它与世界第一运动——足球有很深的渊源，它从我国起源、发展并传播到西方，最后演变成为现代足球。蹴鞠，在我国古代就是踢球，也有“椡鞠”“筑球”等叫法。有关蹴鞠的起源，西汉刘向在《别录》中说：“蹴鞠者，传言黄帝所作，或曰起战国之时。”这里记载了蹴鞠起源于战国，用词是传言，也就是说依据不足。而在《战国策 · 齐策一》中记载苏秦到齐国对齐宣王说过：“临淄甚富而实，其民无不吹竽鼓瑟、击筑弹琴、斗鸡走犬、六博蹋鞠者。”而关于苏秦游说齐宣王这件事在《史记》中也有类似的记载，这里的蹋鞠就是蹴鞠的意思，这也是关于蹴鞠较早的记录。

两汉时期，社会经济得到了一定的恢复和发展。汉武帝时，生产力空前发展，经济、军事力量得到加强，开始从根本上解除西北匈奴的侵扰和威胁，接连出兵征讨匈奴。在战争期间，蹴鞠乃是军中的主要运动项目之一。三国时期，蹴鞠的开展仍同军事相关。《太平御览》引《会稽典录》云：“三国鼎峙，年兴兵革，上以弓马为务，家以蹴鞠为学。”当时，普通人家的男子几乎都要应征从军，在当兵期间，经常进行蹴鞠一类的活动。军人返乡后，使蹴鞠进一步深入民间，因此，“家以蹴鞠为学”的说法大体符合事实。在桓宽的《盐铁论》中有记载：“贵人之家，临渊钓鱼，放犬走兔、隆材鼎力，蹋鞠斗鸡。”一般百姓之家“康庄驰逐，穷巷蹋鞠”。无论贫穷富贵，蹋鞠都可以作为人们闲暇时的一个娱乐项目。而在汉代葛洪写的《西京杂记》中记载了汉高祖刘邦初建西汉时，把其父亲接到长安时的趣事：“太上皇徙长安，居深宫，凄怆不乐。高祖窃因左右问其故，以平生所好，皆屠贩少年，酤酒卖饼，斗鸡蹴鞠，以此为欢。今皆无此，故以不乐。高祖乃作新丰，移诸故人实之，太上皇乃悦。”

上文所说的是，汉高祖刘邦在做了皇帝后，把他父亲接到都城长安来颐养天年，吃穿用度尽情享用，每日还有乐姬歌舞表演，可刘太公整日里还是闷闷不乐，后来刘邦打听到了缘由，刘太公以前生活在社会中下层，他所接触的人都是一些贩夫走卒、屠狗杀牛之辈，平时的娱乐活动以斗鸡、蹴鞠为主，现居住在皇宫，没有这些朋友和娱乐活动，所以整日里闷闷不乐。于是刘邦仿造老家沛县丰邑的规模，又重新建造了一座新城，命名为新丰城，把原来沛县的居民都迁到丰城，刘太公又能和原来的朋友们一起“斗鸡、蹴鞠”了，终于有了笑脸。从这个故事中我们可以看出，战国末期，蹴鞠已经成为社会中下层人们比较普及的娱乐活动了。而后随着汉代蹴鞠的发展，在蹴鞠时还配以音乐伴奏，使在体育活动中加上了音乐的元素，于是蹴鞠的另一种形式——乐舞蹴鞠应运而生。在汉画像石《乐舞百戏图》中就有伴有音乐的蹴鞠。

汉代时期蹴鞠不仅作为娱乐项目，也是军事训练的一个项目，而且对场地有需求并出现了一些规则。汉代蹴鞠的场地面积相当于现代的半个足球场大小，四周有矮墙，两面的地面上设有类似小房子的球门，而正面设有皇帝观看蹴鞠的观礼台。观礼台很讲究，最上方专门设有皇帝的御座，而后依照官员的等级设置九级台阶，观看蹴鞠也要按照官职来安排观看阶梯。汉代的蹴鞠比赛是比较直接的对抗性比赛，东汉人李尤在鞠城墙上刻有《鞠城铭》：“圆鞠方墙，仿象阴阳。法月衡对，二六相当。建长立平，其例有常。不以亲疏，不有阿私。端心平意，莫怨其非。鞠政由然，况乎执机。”

从文献记载来看，这属于较早的蹴鞠规则，而从其中的“法月衡对”可以看出汉代的蹴鞠允许为了摆脱对方的抢断拦截而进行推摔。何晏在《景福殿赋》中也说：“僻脱承便，盖象戎兵。”“僻”在汉代是摔跤的方法。这种直接对抗性的蹴鞠比赛，是一种身体素质的对抗，人们在比赛过程中要不断奔跑，也是体能的一种训练。而“建长立平，其例有常”，双方都要遵守这样的规定，具有了一定的规章制度，蹴鞠作为军事训练项目时，皇帝观看蹴鞠比赛就相当于在检阅士兵。

唐代的强盛，在世界上都是公认的，由于经济的快速发展，使娱乐活动发展迅速，蹴鞠不仅在上流社会很受欢迎，在民间也非常流行。虽然蹴鞠成为各个阶层人们都非常喜欢的活动，但开展的形式和规模不尽相同，底层的交流赛事层出不穷，各民族之间的交流时而有之。唐代多位皇帝都比较喜爱蹴鞠，如唐太宗李世民、唐玄宗李隆基、唐僖宗李儇等。由于统治者的喜好，自然就出现了专门从事蹴鞠的艺人，在阎宽的《温汤御球赋》中载：天宝十六载十月，下诏“伊蹴鞠之戏者，盖用兵之技也。武由是存，义不可舍”。李白在《古风·一百四十年》中写道：“斗鸡金宫里，蹴鞠瑶台边。”王建在《宫词一百首》中写道：“对御难争第一筹，殿前不打背身球。”王维在《寒食城东即事》中写道：“蹴鞠屡过飞鸟上，秋千竞出垂杨里。”从诗词中可以看出，在唐代，皇帝、贵族、平民、走卒、脚夫等都爱蹴鞠，蹴鞠可称得上是一种全民活动。不过，在唐代，蹴鞠并没有用于军事训练上，是值得探讨的一点。

宋代蹴鞠依然很盛行，宋太祖赵匡胤和宋太宗赵匡义都很喜爱蹴鞠，画家苏汉臣绘制了一幅《宋太祖蹴鞠图》，后来宋末元初著名画家钱选临摹了一幅，图中描绘的是宋太祖赵匡胤、宋太宗赵匡义和近臣赵普、党进、石守信、楚昭辅等蹴鞠的情景。日理万机的开国国君也会忙里偷闲和臣子们享受蹴鞠之乐。《宋史·太宗本纪》记载："太平兴国五年，三月戊子，会亲王、宰相、淮海国王及从臣蹴鞠大明殿。"《宋史·孝宗本纪》记载："淳熙四年九月戊午，阅蹴鞠于选德殿。"在宋代也有专门表演蹴鞠的艺人，蹴鞠艺人在大型宴会上表演后，会获得很多赏赐，而且还会有从政的机会。以表演踢球为职业的专业艺人有官民两种，官家的艺人是在朝廷宴会中表演，属教坊司管辖。宋徽宗时的宰相李邦彦、殿帅府太尉高俅，宋真宗时的进士柳三复等都是以蹴鞠技艺高超而被赏识的。关于民间艺人，据《武林旧事·卷六·诸色伎艺人》记载，民间的踢球艺人是在瓦子勾栏中表演，以卖艺糊口。临安城有名的蹴鞠艺人有"黄如意、范老儿、小孙、张明、蔡润"等人。《梦粱录·卷十九·社会》中记载："更有蹴鞠、打球、射水弩社，则非仕宦者为之，盖一等富室郎君、风流弟子与闲人所习也。"表明蹴鞠表演无论是官还是民都有一定场所。

除了专业的蹴鞠艺人外，专门的蹴鞠组织也相继出现，如齐云社，又称"圆社"，据《武林旧事·卷四·乾淳教坊乐部》记载，临安城有名的"球头是陆宝、张俊、李正"。参加圆社的人不仅有艺人，爱好踢球的子弟也可以参加。关于蹴鞠的组织多个文献中都有记载，如《都城纪胜·社会》中："文士则有西湖诗社。此社非其他社集之比，乃行都士大夫及寓居诗人。旧多出名士……又有蹴鞠打球社，川弩射弓社。"《西湖老人繁胜录·瓦市》中记载："城外有二十座瓦子，余外尚有独勾栏瓦市，稍远，于茶肆作夜场。宽阔处踢球，放胡哮，斗鹌鹑，卖等身门神、金漆桃符板、钟馗、财门。"《梦粱录·卷十九·社会》中记载："文士，有西湖诗杜，此乃行都缙绅之士及四方流寓儒人，寄兴适情赋咏，脍炙人口，流传四方，非其他社集之比……更有蹴鞠、打球、射水弩社，则非仕宦者为之，盖一等富室郎君、风流弟子与闲人所习也。"随着城市商业经济的发展，有的人将蹴鞠等活动引入商业机制，以吸引游客，如《武林旧事·卷三·放春》中记载："蒋苑使有小圃，不满二亩，而花木匼匝，亭榭奇巧……立标竿射垛，及秋千、梭门、斗鸡、蹴鞠诸戏事，以娱游客。衣冠士女，至者招邀杯酒。往往过禁烟乃已。"蹴鞠活动是节庆活动中必不可少的。《东京梦华录·卷六·元宵》中记载："正月十五元宵，大内前自岁前冬至后，开封府绞缚山棚，立木正对宣德楼，游人已集御街两廊下。奇术异能，歌舞百戏，鳞鳞相切，乐声嘈杂十余里，击丸蹴鞠，踏索上竿……王十二，作剧术。邹遇、田地广，杂扮。苏十、孟宣，筑球。尹常卖，《五代史》。”在唐宋时期蹴鞠就成为清明节的民俗活动之一。而南宋诗人陆游在《剑南诗稿》中多次写过杭州一带民间的踢球活动：“蹴鞠墙东一市哗，秋千楼外两旗斜。”而《晚春感事》中描写了人们观看蹴鞠时人山人海的场景：“蹴鞠场边万人看，秋千旗下一春忙。”由此可见蹴鞠在民间的普及程度。

宋代的蹴鞠有两种踢法。一种是用球门的比赛，这种比赛方法多用在皇帝和贵族参与的宫廷大宴或者节庆日进行表演时。蹴鞠比赛是成队的对抗性比赛，全队有规定的人数，12人或16人。根据站立的位置，各有不同的职司名称。据《武林旧事·卷四·乾淳教坊乐部》记载，队员的名称是球头、跷球、正挟、头挟、左竿网、右竿网、散立等。汪云程的《蹴鞠图谱》中的“球门人数”则有“都部署、校正、社司、知宾、正挟、副挟、解蹬、球、挟色、主会、守网、节级、骁色、会干、都催、左军、右军、出尖、斜飞”。这里的都部署、社司、知宾，应是裁判人员。这里的球员人数有所差异，可能是人数可以有增减，名称原来就不统一，只要比赛时双方人数相等就可以了。由于球头对比赛输赢有很大影响，因此，赢球的奖品和输球的惩罚，都要由球头一人来承担。当时有人以诗记其事，“乐送流星度彩门，东西胜负各分番。胜赐银碗并彩缎，负击麻鞭又抹枪。”（《梦粱录·卷三·宰执亲王南班百官入内上寿赐宴》）踢球胜者，皇帝赐以银碗、彩缎，败者则要遭鞭击之苦与脸上涂抹白粉之耻。另一种踢法是不用球门，以踢花样动作为输赢，叫作白打。白打场户（场地）用丝围子围起来。《事林广记·齐云社规·白打场户》中记载：“如打三间臁，丝围子各阔三尺，四间阔四尺以上，至八间阔八尺。如九间至十三间，止得阔八尺，不许加赠。每间阔四小步。”也就是在十二小步平方的圈子中，三个人轮流踢球，以动作失误和不够规范计输赢筹数。如踢给对方的球不到位，输一小筹，踢出了围子则输一大筹，踢出的球不够高、太独、太重，不该转身时转身，都要输筹。最后以得筹多者为赢。所谓的白打是两人对踢，后来逐渐发展到三人角踢，四人、五人轮踢以至十人轮踢，但仍称为白打。白打除了用球之外，不再用其他任何器械，场地也极为简单，只要一个平坦的地方即可，一般选择在幽静的地方。不用球门的白打蹴鞠以其场地器材简单、踢法花样复杂多变而受人们的欢迎。白打蹴鞠的踢法有一人场户至十人场户等。所谓一人场户是指一个人在球场内表演踢球技术，和现在的花样足球技术相似，可以用肩、胸、背、头、面部、膝、履、腹部、小腿、脚面、脚踝、脚尖、脚跟踢球等。

唐宋时期，蹴鞠盛行时，不仅仅有男子蹴鞠，女子对蹴鞠也甚是喜爱。唐太宗、唐玄宗等都喜爱观看蹴鞠，还专门在宫廷中举办女子蹴鞠比赛。王建在《宫词》中写道："宿妆残粉未明天，总在昭阳花树边。寒食内人长白打，库中先散与金钱。"一个为了在寒食节表演蹴鞠活动获取赏钱的女教司形象跃然纸上，说明当时的蹴鞠很受欢迎。宋代女子蹴鞠也比较盛行，在《文献通考》中有关于宋代女子蹴鞠的介绍："宋女弟子队一百五十三人，衣四色，绣罗宽衫，系锦带，踢绣球，球不离足，足不离球，华庭观赏，万人瞻仰。"①

元、明、清时期蹴鞠的发展逐渐沉寂了，其主要向娱乐化发展，原来的竞技性变小，社会需求也逐渐变小，导致其逐渐没落。在《越调·斗鹌鹑》中写道："蹴鞠场中，鸣珂巷里，南北驰名，寰中可意。夹缝堪夸，抛声尽喜。那换活，煞整齐，款侧金莲，微那玉体。唐裙轻荡，绣带斜飘，舞袖低垂。"张岱的《陶庵梦忆·扬州清明》中记载："是日，四方流离及徽商西贾，曲中名妓，一切好事之徒，无不咸集。长塘丰草，走马放鹰；离阜平冈，斗鸡蹴鞠；茂林清樾，劈阮弹筝。"寥寥几笔使江南地区清明时期的景象跃然纸上。明代时期，在清明节蹴鞠已经形成一种习俗，李开先的《闲居集》中也记载了清明节前后的场景："蹴鞠竞当场，秋千飞过墙。""清明今日雨，车马滞村坊。深闭秋千院，难登蹴鞠场。"而到了清代，蹴鞠不似唐宋时期繁盛，但还有此活动。潘荣陛撰写的《帝京岁时纪胜·十一月·蹴鞠》中记载："金海冰上作蹴鞠之戏，每队数十人，各有统领，分位而立，以革为球，掷于空中，俟其将坠，群起而争之，以得者为胜。或此队之人将得，则彼队之人蹴之令远。欢腾驰逐，以便捷勇敢为能，将士用以习武。昔黄帝作蹴鞠之戏以练武，盖取遗意焉。"潘荣陛是雍正时期的官员，其对当时的习俗非常熟悉，并记载翔实，描写了冰上蹴鞠的情况。从上述记载中，我们也可以看出，蹴鞠作为清明的习俗一直延续下来了。

① 岳长志，马国庆，2013. 中国蹴鞠［M］. 济南：山东友谊出版社，86.

关于女子蹴鞠的记载，大部分是通过文人的诗词描写记录下来的，如元末明初著名诗人、文学家、书画家杨维桢在他的《蹋鞠篇》中写道："金鞭齐停马上郎，落花旋风打毬场，绣轮掷过东家墙。东家墙，嗓双燕；平头奴，摇便面。"并有"月牙束鞠红幧首，月门脱落葵花斗。君看脚底软金莲，细蹴花心寿郎酒"的诗句，郭翼的诗《蹴鞠篇和铁厓韵四首 · 其三》："绿云草色光如苔，綵楼红扇相当开，美人凌波蹴月来。蹴月来，不堕地，袖回风，动罗袂。"吕诚的《蹴鞠篇和铁崖先生二首 · 其一》："江南稚女颜色新，百花楼前蹋绣轮，红蕖小袜不动尘。不动尘，放娇态。微风来，舞裙带。"都是描写江南地区妇女蹴鞠的情景。[①]明朝钱福的《蹴鞠》："蹴鞠当场二月天，仙风吹下两婵娟。汗沾粉面花含露，尘扑娥眉柳带烟。翠袖低垂笼玉笋，红裙斜曳露金莲。几回蹴罢娇无力，恨杀长安美少年。"生动形象地描写了女子蹴鞠比赛的场景。元代的散曲中关于蹴鞠的描写也较多，而关于女子蹴鞠的描写也有不少且很细致，踢法和宋代较为相似，而且还有专门举行蹴鞠活动的圆社，其中有些女子蹴鞠者也会成为圆社的成员，她们会进行表演活动。关汉卿在《越调 · 斗鹌鹑》中有关于蹴鞠的细致描写："得自由，莫刚求。茶余饭饱邀故友，谢馆秦楼，散闷消愁，惟蹴鞠最风流。演习得踢打温柔，施逞得解数滑熟。引脚蹑龙斩眼，担枪拐凤摇头。一左一右，折叠鹘胜游。"不仅描写了人们闲暇饭后最大的乐趣就是蹴鞠，技术相当娴熟，而且把蹴鞠的几种踢法和技巧都写得十分详尽。陈继儒在《太平清话》中有记载彭云秀的蹴鞠表演："国初，彭氏云秀，以女流清芬，挟是技游江湖。叩之，谓有解一十六。"形象描写了彭云秀高超的个人技术。

国际上研究体育史的专家们也多次指出，足球起源于中国。2005 年 5 月，国际足联在成立 100 周年庆典上，向淄博市临淄区颁发了"世界足球起源地"证书，以示足球起源于中国两千多年前春秋战国时期的齐国临淄。足球在我国经历了漫长的发展过程，它不仅是民俗活动项目之一，还在军事训练中发挥过作用，而且在汉唐时期就已经走出国门，传到其他国家。汉唐时期中国的国力强盛，文化开放，与周边国家的交通也较为方便，因此，在中国周边的东亚、西亚、南亚诸国，

---

① 岳长志，马国庆，2013. 中国蹴鞠［M］. 济南：山东友谊出版社，46.

都与中国有频繁的经济、文化交流。在这种交流过程中，体育文化也是其中的一部分，通过不同朝代的不同途径，除了蹴鞠外，还有中国武术、相扑、龙舟竞渡等传统体育文化传至其他国家。日本和朝鲜比邻中国，受中国体育文化的影响相对较大，蹴鞠传至日本后，日本对其进行了相应的改造，融入了本民族的文化，形成了具有自身民族特色的体育项目。

1863 年 10 月 26 日，英国伦敦成立了世界上第一个足球协会；1900 年在第二届奥运会上，足球被列为正式比赛项目；1904 年 5 月 21 日，在巴黎成立国际足球联合会；1930 年，在乌拉圭举办了首届世界足球锦标赛。鸦片战争后，现代足球运动在我国的大城市逐渐开展，1924 年中国国家男子足球队成立，1931 年首次加入国际足球联合会，1958 年退出，于 1979 年再次加入国际足球联合会。1976—1984 年，中国足球队连续 9 次参加亚洲杯足球赛，但成绩并不理想。随着国家经济的快速发展，人们物质生活的丰富，人们越来越重视体育活动，足球作为奥运会的比赛项目之一，备受世界球迷的追逐。球迷关注的还有世界杯、欧洲杯、美洲杯、欧冠联赛等赛事。我国比较系统化的足球赛事有中超、中甲、中乙等，与世界级的赛事相比还有很大差距。足球运动除了让很多人关注外，还衍生了众多经济效益，如门票收入、媒体转播费、冠名费、广告费等，足球赛事还带动了周边的餐饮经济、旅游经济的发展。足球比赛观看人数的多少，还和足球明星的名人效应相关，双方都有足球明星加盟，且实力相当的比赛，其门票和转播权等有时竞争很激烈，尤其是大型的国际赛事更受追捧。

20 世纪初，足球传入浙江省，在外籍教师的带动下，一些学校开展了足球活动，如杭州、宁波、温州、嘉兴、湖州、绍兴等地的普通大中专学校。1905 年杭州举办的乙巳运动会上设置了足球项目，这次运动会是浙江省最早的省级运动会，也是足球运动首次在我国省级运动会上亮相。从 20 世纪 20 年代开始，浙江省学校的体育场馆逐渐改进，省立十一中、一中等学校都设有两个足球场地，而后许多学校都开始有足球场地了。现在足球是浙江省大中专、中小学学校体育课的教学内容之一，而且除了少体校有专业足球学生外，还有些足球特色学校，2020 年浙江省认定了全国青少年校园足球试点县（区）1 个、全国青少年校园足球“满天星”训练营 1 个、全国青少年校园足球特色学校

121 所、特色幼儿园 147 所，浙江省青少年校园足球特色试点学校 146 所、特色幼儿园 161 所。

浙江省第一届省运动会于 1930 年在杭州梅东高桥运动场举办，其中参赛的足球队有 21 支。同年，浙江省足球代表队参加了在杭州举办的第四届全国运动会的足球比赛；在 1948 年举办的第七届全国运动会上，浙江省足球代表队在小型足球表演赛中获得第一名。1956 年浙江省第一届工人体育运动大会在杭州举行，足球比赛是其中的项目之一。1960 年浙江省的专业足球队（男队）成立，1976 年浙江省成立了足球协会，1995 年浙江省的金威足球俱乐部成立，并成立了金威女子足球队。1997 年杭康足球俱乐部成立。1998 年浙江省成立杭州绿城足球俱乐部，这是浙江省第一家也是目前唯一一家职业足球俱乐部。杭州绿城足球俱乐部成立后，开始征战中乙——甲 B——中甲——中超，杭州绿城足球俱乐部在这个成长历程中经历了教练的更换、队员的不断更替与变化，以及名称由“浙江省绿城”更换成“杭州绿城”。杭州绿城足球俱乐部的发展和成长是一个不断完善、进步的过程。

三、马球

在新石器时代晚期，中国的农业经济中就已经出现了畜牧业。到了商代，马作为牲畜中较为稳定的品种，在不断地繁衍下已经有较好的品种了。随着畜牧业技术的进一步提高，人们在家养牲畜的繁殖、饲养、管理等方面积累了丰富的经验，可以根据其外形、大小进行一定的区分。《诗 · 鲁颂 · 駉》中有夸耀鲁僖公牧马繁盛的诗篇，列举了 16 种不同毛色、形状的马的名称，可见当时马的品种已经很丰富了。两汉时期，朝廷把军队中马匹的饲养与繁殖作为重要的军备。骑兵作为部队中的主要兵种之一，不仅要求骑士具有较高的作战技能，同时也要有熟练的御马技术，因此骑马技术也不断地提高。

在众多的文献记载中，关于马球的名称有多个，如击鞠、打毬。关于马球的起源，我国的体育界专家和世界体育史研究者众说纷纭。有专家认为马球发源于波斯（伊朗），有学者认为起源于波罗（西藏）。有关于“击鞠”的记载，最早出现在曹植的《名都篇》:“名都多妖女，京洛出少年。宝剑值千金，被服丽且鲜。斗鸡东郊道，走马长楸间。驰骋未能半，双兔过我前。揽弓捷鸣镝，长驱上南山。左挽因右发，一纵两禽连。余巧未及展，仰手接飞鸢。观者咸称善，众工归我妍。归来宴平乐，美酒斗十千。脍鲤臇胎鰕，炮鳖炙熊蹯。鸣俦啸匹侣，列坐竟长筵。连翩击鞠壤，巧捷惟万端。白日西南驰，光景不可攀。云散还城邑，清晨复来还。”

这首诗描写了洛阳一个风度翩翩的少年，佩戴着价值千金的佩剑，穿着华贵鲜亮的衣服，斗鸡、赛马、打兔、射鸢，回来后享用美酒佳肴，呼朋引伴，然后“击鞠”忙个不停。这里出现了“击鞠”一词，由于曹植所处的年代正是汉末三国时期，因此，有学者推测，汉代蹴鞠已经作为军事训练的一种方式了，而且很受人们欢迎。汉代中原政权长期与边境少数民族发生战争，而边境的少数民族匈奴、羌族等都属于游牧民族，善骑射，他们的骑兵作战勇猛迅速，汉代统治者为了战争需要，对骑兵的骑马技术、身体素质和应变能力等综合作战能力的训练必不可少，军队中的蹴鞠比赛完后，球场上的士兵用兵器拨弄、击打场地上的鞠传给同伴，以此来游乐，久之，骑马击鞠便成为一项体育活动了。

马球在唐代初期就比较盛行了，在都城长安的大街上经常可以看到来自西域的人在“打毬”。唐太宗李世民和唐高宗李治都打过马球，后来怕影响不好，就不提倡了。在封演的《封氏闻见记·卷六·打球》中有记载:“太宗常御安福门，谓侍臣曰:‘闻西番大好为打球，比令亦习，曾一度观之。昨升仙楼有群胡街里打球，欲令朕见此胡，疑朕爱此，聘为之。以此思量，帝王举动岂宜容易。朕已焚此球以自戒。’”唐太宗在对待少数民族的问题上采取的是安抚政策，所以街上随处可见打球的少数民族人。唐代皇帝中有很多爱好打马球的，如唐玄宗、唐穆宗、唐敬宗、唐宣宗、唐僖宗、唐昭宗等。唐宣宗李忱在十六宅建雍和殿，每月和皇室王侯们在那里打球两三次。除此之外，还有很多专门场地，如长安城内的球场亭、西苑的梨园、大明宫的东内苑、龙首池、麟德殿、清思殿、中和殿和飞龙院等。著名诗人韩愈在《汴泗交流赠张仆射》中写道:“汴泗交流郡城角，筑场十步平如削。短垣三面缭逶迤，击鼓腾腾树赤旗。”诗中写出了当时统治者对球场要求很讲究，三面用矮墙围着，一面有观赏用的亭子或者楼台等，球场面积大且光滑平整，像镜子一样。不仅宫廷有专门的马球场，贵族官员们家中也会自建球场，以供闲暇时和自家兄弟子嗣们打球玩乐。从中可以看出，马球在上层统治阶级、贵族官员中的受欢迎程度。

唐朝的马球除了供统治阶级娱乐外，也是军队中常见的体育活动。唐太宗在和游牧民族作战中体会到骑兵的重要性，并且认识到了马球对训练骑兵的作用，他把打马球作为军事体育活动之一。在各地的军事驻地建起马球场，除了军事训练外，打马球也作为地方军事将领们闲暇时的娱乐活动。徐州刺史张建封对马球运动非常热衷，韩愈当时作为他的幕僚，劝诫他不要打马球，即《上张仆射第二书》：“凡五脏之系络甚微，坐立必悬垂于胸臆之间，而以之颠顿驰骋，呜呼，其危哉！”当时张建封依然热衷于打马球，而且还作了一首《酬韩校书愈打球歌》：“仆本修文持笔者，今来帅领红旌下。不能无事习蛇矛，闲就平场学使马。军中伎痒骁智材，竞驰骏逸随我来……俯身仰击复傍击，难于古人左右射。齐观百步透短门，谁羡养由遥破的。儒生疑我新发狂，武夫爱我生雄光……”

张建封文武全才，其对马球是真的特别喜爱。在这首诗中，张建封把打球技术与感受都表达了出来，“俯身仰击复傍击，难于古人左右射。”韩愈也作《汴泗交流赠张仆射》：“球惊杖奋合且离，红牛缨绂黄金羁。侧身转臂著马腹，霹雳应手神珠驰。”两人用诗词描述了当时的马球技能，其比古人开弓射箭都难，在比赛过程中运用杖的感觉应得心应手，杖与球且和且离地浑然一体，虽然文字描写得有失偏颇，但也能看出当时人们的马球技术水平。

唐代不仅有男子马球，还出现了女子马球。《新唐书·郭知运传》中记载：“（英乂）又教女伎乘驴击毬，钿鞍宝勒及它服用，日无虑数万费，以资倡乐。”在唐代驴很受人喜爱，如孟浩然骑驴踏雪寻梅、李贺骑驴觅句、孟郊骑驴苦吟、贾岛骑驴赋诗。杜甫更爱骑驴，他自称“骑驴三十载，旅食京华春”。驴比马更温顺，因此很受文人的喜爱，也适合女子骑乘，这里的驴鞠就同当时的男子马球一样，很受人们的欢迎。

在五代时期，后蜀主的妃子花蕊夫人曾经作《宫词》：“自教宫娥学打球，玉鞍初跨柳腰柔。上朋知是宫家队，遍遍长赢第一球。”生动形象地描写了妃子、宫女打马球的情景。

北宋时期不仅军中百戏中有打马球项目，在市民中也有打马球的。《东京梦华录·卷七·驾登宝津楼诸军呈百戏》中记载：“先设彩结小球门于殿前，有花装男子百余人……各跨雕鞍花驴子，分为两队，各有朋头一名，各执彩画杖，谓之‘小打’。一朋头用杖击球子，如缀球子，方坠地，两朋争占，供与朋头，左朋击球子过门入孟为胜，右朋向前争占，不令入孟，互相追逐，得筹射恩而退。”《东京梦华录·卷六·驾幸宝津楼宴殿》中记载：“殿之西有射店，殿之南有横街，牙道柳径，乃都人击球之所。”《东京梦华录·卷六·元宵》中记载：“游人已集御街两廊下。奇术异能，歌舞百戏，鳞鳞相切，乐声嘈杂十余里，击丸（马球）蹴鞠、踏索上竿。”描写了元宵节的马球活动。在北宋也有女子打马球，王珪写过《宫词》来描写女子打马球：“内苑宫人学打球，青丝飞控紫骅骝。朝朝结束防宣唤，一样珍珠络辔头。”

在《东京梦华录·卷七·驾登宝津楼诸军呈百戏》中也有记载：“人人乘骑精熟，驰骤如神，雅态轻盈，妍姿绰约，人间但见其图画矣。”都是关于女子打马球的描写。

金国吞并北方、宋室南渡以后，南宋皇帝一度更加重视马球活动，将其作为锻炼身体、振奋精神的手段，以期洗雪靖康之耻。要恢复失地，与拥有铁甲骑兵的金兵作战，骑兵训练就成为重要任务。特别是南宋第二位皇帝宋孝宗赵昚，他是在一片抗金声中登上皇帝宝座的，他登基初始，很有些励精图治，有向中原进攻的决心，对骑兵部队的建设极为重视。南宋人岳琦所著的《程史·卷二·隆兴按鞠》中记载了他亲率诸将在宫中打马球的事：“隆兴初，孝宗锐志复古，戒燕安之鸩，躬御鞍马，以习劳事；仿陶侃运甓之意，时召诸将击鞠殿中，虽风雨亦张油帟，布沙除地。”下雨天还搭帐幕、布沙除地练习马球，足见其打马球的劲头很大。因为这件事，兵部侍郎周必曾作过谏止。“上日御球场。必大曰：‘固知陛下不忘阅武，然太祖二百年天下，属在圣躬，愿自爱。’上改容曰：‘卿言甚忠，得非虞衔橛之变乎？正以仇耻未雪，不欲自逸尔。’”当时的宋孝宗有着雄心，想一洗国耻，以身作则，锻炼身体，磨炼意志。《梦粱录·卷二·州府节制诸军春教》中记载：“帅守衔带节制军马之职，每岁春秋二教。三月正当春阅时候……试弩射弓，打球走马，武艺呈中，赏犒有差，军卒劳绩，给以钱帛。”这里描写的是马球除了作为军事体育活动外，每年春秋两季也作为阅兵的项目之一。宋孝宗不仅自己上场打马球，也叫他的儿子上场打马球。《周文公全集·恭和内宴御诗草跋》中记载："淳熙丁酉，九月戊午，入东华门，过选德殿，其后即球场也。上乘马来，迎驾两拜，上乘马击球毕，下马再坐。临轩，群臣分侍，皇太子乘马击球，次左右朋击。"军队中的士兵也以打马球练武。《宋史·卷一百四十七·兵志》中记载："嘉熙（宋理宗年号）中，臣僚言：今日兵贫若此，思变而通之。于卒伍中取强勇者，异其籍而厚其廪，且如百人之中拣十人……时试之弓弩，课之武艺，暇则驰马击球以为乐，秋冬使之校猎。"在皇帝、太子都参加打马球的风气的影响之下，军队中也以打马球来提高士兵的身体素质和作战技能。南宋爱国诗人陆游写过许多关于马球的诗句，如"军中罢战壮士闲……梁州球场日打球。""打球筑场一千步，阅马列厩三万匹。""射堋命中万人看，球门对植双旗红。""闲试名弓来射圃，醉盘骄马出球场。""打球骏马千金买，切玉名刀万里来。"可见马球在军中作为训练和娱乐的方式比较普遍。

在南宋宫中也有宫女参加打马球。宋宁宗的杨皇后写的《宫词》中曾描写宫中的马球活动："小桦龙盘集翠球，金羁缓控五花骝。绣旗高处钧天奏，御棒先过第一筹。"虽然马球活动在宫中开展，但常遭儒臣的反对。如宋孝宗曾射箭伤目，其尚书右仆射陈俊卿进谏："弓矢之技，人所常习而易精，然犹不免今日之患，况球鞠之戏，本无益于用武。"殿中侍御史单时也给宋孝宗上书进谏，劝他不要打马球，宋孝宗嘉其直言敢谏，升其为右谏议大夫，并喜谓辅臣曰："击球，朕放下多时；饮酒，朕当自戒。"（《续资治通鉴》卷一百四十一）。兵部侍郎兼太子詹事周必大不仅劝宋孝宗以天下为重，不要击球，而且要求宋孝宗不让太子击球，"武士击球，太子亦与，臣甚危之……陛下勿命之可也"（《宋史·周必大传》）。宋孝宗架不住儒臣的频繁进谏和反对，宫廷马球活动渐渐衰落了。虽然马球淡出了宫廷，但在南宋时期，由于市民体育的兴起，马球活动在市民阶层得到了进一步的发展。民间有"打球社"，为人们提供"走马打球"的条件。吴自牧的《梦粱录·卷十九·社会》中记载："更有蹴鞠、打球、射水弩社，则非仕宦者为之，盖一等富室郎君、风流子弟与闲人所习也。"明代田汝成的《西湖游览志·卷二十·熙朝乐事》中记载南宋临安城百姓八月观潮，"其时，优人百戏，击球（马球）、关扑、鱼鼓、弹词，声音鼎沸。”在《都城纪胜》及《西湖老人繁胜录》中也记载南宋临安城已经出现民间的马球团社“打球社”，这些皆可见宋朝城市小民的马球运动盛况。

元朝时期，宫廷打球活动也有持续，诗人、画家、书法家萨都剌曾作《春词》：“深宫尽日垂珠箔，别殿何人度玉筝。白面内官无一事，隔花时听打毬声。”描写了当时宫廷的打球活动。

作为少数民族的统治者，蒙古人本身就善于骑射，除了宫廷娱乐外，马球在军队体育活动中也必是不可少的。《元史·卷一百四十九·王珣传》中记载：“武力绝人，善骑射，尤长于击鞠。”王珣不仅善于骑射，而且非常擅长打马球，这说明骑射与打马球往往分不开，只有拥有一定的骑射基础，马球才能打得好。元代军队驻扎的地方还有球场，周霆震曾作《军中苦乐谣》：“旌表门前路几弯，浮图坡下日衔山。马上长身单白纻，双双缓辔打毬还。”描写了军营中打球回来的将士。

元代的马球运动也是一种民俗节日活动，熊梦祥的《析津志·辑佚·风俗》中记载：“常于五月五日、九月九日，太子、诸王于西华门内宽广地位，上召集各衙万户、千户，但怯薛（禁卫军）能击球者，咸用上等骏马。”在端午节和重阳节都有马球活动。明代的马球活动虽有开展，但基本作为宫廷礼制或者民俗节日活动，《明史·卷五十七·礼制十一》中记载：“永乐时有击球射柳之制。十一年五月五日幸东苑，击球射柳，听文武群臣、四夷朝使及在京耆老聚观。”在吴宽的《匏翁家藏集》中也有记载：“京师胜日称燕九，少年尽向城西走。白云观前作大会，射箭击球人马吼。”元朝时期马球偶尔作为闲暇时的娱乐活动，到了明代，马球从娱乐活动中消失了，但作为民俗节日活动还在开展，击球的场景还是比较热闹的。

清代马球基本上销声匿迹了，这主要和清朝皇室禁止人们练武、养马有关。《东华录》中记载：“今各处土贼，偷制器械，私买马匹，毒害良民，作为叛乱。今特为禁约：任事及文武官员及战士外，若闲散官、富民之家，不许畜养马匹，亦不许收藏铳炮、甲胄、枪刀、弓矢、器械。有不尊禁令，是怀叛逆作贼之心，若经搜获，本人处斩，家产妻孥入官，邻右十家长杖流。”该禁令的出台，大大遏制了养马的机会，使马匹的畜养绝迹，马球就无从开展了。而后随着清王朝统治的稳定，原本养马的禁令有所松动，作为娱乐活动的马球曾经出现过。孔尚任及其朋友曾作诗《燕九竹枝词》："谁家儿郎绝纤妙，马上探丸花里笑。翠袖妖娆得得来，星眸偷掷输年少。"其中就描写了女子马球表演：以前都是少年郎参与的马球活动，现在只剩妙龄少女在马上玩玩了。清朝后期马球基本上绝迹了。

第六章　越地养生体育文化

养生体育是我国古代体育的重要组成部分，它伴随着人类社会的起源与发展，是人们在日常生活中逐渐积累的经验总结，并与当时社会的政治、经济、文化、教育、科学、体育艺术等有密切的关系，儒教、道教、佛教的思想对古代养生体育影响较大。养生体育讲究身心并育，认为人体的各个系统或者器官和大自然的发展规律相一致，是相互协调发展的状态，人是一个有机的整体，各个组成部分应各司其职，相互促进、相互限制。古代的养生术讲究动静结合，要控制运动的度与量，它是融合了健身、预防、治疗、娱乐、观赏为一体的动作组合，具有仿生性。养生体育的提出，是人们对自身生命活动规律的进一步认识。越地的养生体育在历史发展过程中把理论和实践相结合，形成了养生体育思想，在一定程度上推动了养生体育的发展。

第一节　越地养生体育的传承与发展

我国的养生术可以追溯到上古时期，上古时期生活条件恶劣，人们整日需要和恶劣的自然环境与毒蛇猛兽进行抗争，在艰苦的生活环境中积累了丰富的生活技能，人们通过模仿各种动物的动作而创造了原始游戏或舞蹈动作，用来祭祀祖先、各种神灵，表现对大自然的崇拜。在长期的实践过程中，人们发现这些动作还可以增强体质，提高自身的身体机能，抵御一些疾病。由于当时生活条件的限制，人们把原始养生术、医学与巫术结合在一起，通过练习某些动作预防和治疗某种特定的疾病，如传说中尧发明了“宣导舞”，阴康氏创编的“消肿舞”。据《吕氏春秋·仲夏纪·古乐》中记载：“昔陶唐氏之始，阴多滞伏而湛积，水道壅塞，不行其原，民气郁阏而滞著，筋骨瑟缩不达，故作舞以宣导之。”从这些记载中我们也可以看出，我们的祖先在生活条件恶劣的情况下，能够利用现有的条件，通过宣泄疏导的方式来预防和治疗疾病。

一、古代越地养生体育的传承

孔子比较喜欢运动，除了射、御水平不错外，还比较喜欢钓鱼、田猎和登山等，如“孔子登东山而小鲁，登泰山而小天下”，还有“孔子游于景山之上”等，都是他爱好登山的记载。在《荀子·天论篇》中关于养生的阐述更进一步：“养备而动时，则天不能病；修道而不贰，则天不能祸。”在荀子的阐述中，其对养生已经有了较为全面的论述，认为将饮食与适当的运动相结合，能避免生病，遵循规律而又不出差错，就不会使人遭受祸事。关于人要适当运动的说法，在《吕氏春秋·尽数篇》中也有阐述：“流水不腐，户枢不蠹，动也。形气亦然，形不动则精不流，精不流则气郁。”从天地万物，引导到人体也需要运动，通过运动加快人体精、气流动，从而增进健康。《庄子·外篇·刻意》中记载：“吹呴呼吸，吐故纳新，熊经鸟申，为寿而已矣。此道引之士，养形之人，彭祖寿考者之所好也。”在《黄帝内经·灵枢》中把导引作为治疗疾病的方法，它是与“按摩、炙、熨、针、药”等并列的一种治疗方法。这里记载的吐故纳新，模仿兽禽，庄子认为是道引之士的所好，这里的“导引”一词应该和《黄帝内经·素问·异法方宜论》中的“导引”意思相近，是通过健身强体来益寿延年的一种方法和手段。

在长沙马王堆中曾出土一幅《导引图》，图中有40多个动作，图文并茂，不仅有动作，还有解释动作是如何配合呼吸吐纳的图画，以及一些辅助器材，如棍棒、沙袋、球类等。一些模仿动物类的动作形象逼真、姿态生动，具有一定的针对性，如“引项”针对颈椎病、“引聩”治疗眼疾等，整幅图从设计到说明都很全面详细。考古学家认为这是我国考古发现中最早的一幅健身图谱。从这幅图中，人们推测西汉时期我国的导引术发展迅速，而且人们很认可通过导引进行健身、保健、治疗等，图上的动作虽然简单朴素，但却行之有效，无论是从治病还是健身角度都具有一定的意义。在长沙马王堆出土的除了《导引图》外，还有《却谷食气篇》和《阴阳十一脉灸经》,《却谷食气篇》将人们的饮食和导引等动作、起居规律及四季变化相合，是一种把饮食养生与导引养生相结合的方法，当时的人们对养生的理解和认识程度上不同，对其的接受和认可也不同。华佗的《五禽戏》是在继承前人导引术的基础上，经过改造提炼创编的一套简单易行的动作，“一曰虎，二曰鹿，三曰熊、四曰猿、五曰鸟”。其实，在华佗之前的西汉初期，淮南王刘安命手下撰写的《淮南子·精神训》中就有了关于模仿几种动物的记载：“若吹呴呼吸，吐故内新，熊经鸟伸，凫浴蝯躩，鸱视虎顾，是养形之人也，不以滑心，使神滔荡而不失其充，日夜无伤而与物为春，则是合而生时干心也。”这里的“熊经”“鸟伸”“凫浴”“蝯躩”“鸱视”“虎顾”就写出了模仿 6 种动物的导引名称。而华佗的《五禽戏》由于动作简单有效，更易于被人们接受，在后世一直很流行，它的出现推动了养生体育文化的进一步发展。

魏晋南北朝时期，社会比较动荡，加之道学、玄学和佛教开始兴盛，其对养生体育的发展产生了一定的影响，使当时的养生体育思想带有一定的虚幻色彩，发展方向也有所偏离，出现畸形现象。在东晋葛洪的《抱朴子·杂应》中记载：“能龙导虎引，熊经龟咽，燕飞蛇屈鸟伸，天俛地仰，令赤黄之景，不去洞房，猿据兔惊，千二百至，则聪不损也。”这种模仿龙、虎、熊、龟、燕、蛇、鸟、猿、兔的导引术，是对华佗五禽戏的继承和发展，通过导引术的锻炼，使人能够耳聪目明。南北朝时期为养生体育发展做出突出贡献的是陶弘景，他在《养生延命录·服气疗病篇》中记载了吐气的 6 种方式，“吹、呼、唏、呵、嘘、呬，皆出气也”，后人把这 6 种方式称为“六字诀”。他认为“吹以去热，呼以去风，唏以去烦，呵以下气，嘘以散滞，呬以解极。”他非常注重呼吸对身体机能的调节，可以认为这是气功发展到一定程度的结果。而在他的《导引按摩》一书中，既有关于“五禽戏”的记载，也有根据《导引经》介绍的一些成套的练习功法和按摩方法，如“导引七势”“按摩八法”“肢体运动八势”等，他所介绍的这些导引功法相对简单，不受地点、时间和场地的限制，比较容易推广，因此流传广泛。

隋唐时期的养生方法和思想基本上是魏晋南北朝时期的延续与发展，这一时期的导引按摩在医疗保健上的应用比较广泛，而且这个时期的养生著作也比较多。《诸病源候论》是隋朝时期在巢元方的主持下编辑的医学论著，其记载详细，分门别类地介绍了各种疾病的病源、病机、病状，并注明了“养生方导引法”（或称“养生方”）。其导引操作的方法大多是巢元方引用前辈的方法治疗一些相关疾病。而导引法中包含内容较多，有姿势、呼吸、动作操作过程和疾病对症动作的阐述，内容相当丰富。唐代崇尚道教，一方面炼丹术在唐代异常兴盛，很多人因为服用“长生不老药”而丧命。另一方面导引养生术、按摩等也有进一步的发展。据《新唐书·百官志》中记载，唐代太医署承隋制，在人员配备上，似加强了医政的管理及教育的职责，在太医署下明确设医、针、按摩、咒禁四科，并配有按摩的专职人员，还有教导引术来祛除疾病的人员。孙思邈作为唐代的医学家，编写的《备急千金要方》《千金翼方》《摄养枕中方》都是对后世影响较大的医学健身著作。在《摄养枕中方》中记载：“气息得理，即百病不生，若调息失宜，即诸疴竞起。善摄养者，须知调气方焉，调气方疗万病大患。”他认为行气是强身健体、抵御疾病的方法。在《备急千金要方·养性·按摩法》中记载了两种导引按摩的功法，一种是《天竺国按摩婆罗门法》十八势，是一套比较完整、有左右对称动作的肢体运动徒手操，其中有中国古代导引、按摩的影子，融合了印度的某些健身动作编制而成的，动作简单，易于操作，坚持锻炼有强身健体的功效。另一种是《老子按摩法》四十九势，主要是调动全身肌肉，配合意念与姿势，达到强身健体的功效。他在前人的基础上，总结归纳了较为全面的养生方法，其中包括居处法、按摩法、调气法、服食法、房事养生等，基本涵盖了传统养生学的内容。他提倡将吐故纳新的“静功”与熊经鸱顾的“动功”相结合，同时把饮食起居规律、情志房事适度都囊括在内，形成了较为科学合理的理论著作。

宋元明清时期的养生体育又有了进一步的发展，宋代是一个思想比较活跃的时代。陈抟在前人的经验基础之上，整理创编了一套简单易行的导引动作——十二月坐功。其为坐式导引，根据二十四节气分为 24 个动作，每个动作做完都需要叩齿、吐纳、咽液，并注明了每个动作对应的病症。虽动作有些限制，但其简单易学，有肢体动作配合疾病治疗，在健身祛病方面具有一定的积极意义。

八段锦的出现大大推动了养生体育的发展，其至今仍很受健身爱好者的欢迎。在南宋曾慥的《道枢·众妙篇》中记载："仰掌上举以治三焦者也；左肝右肺如射雕焉；东西独托，所以安其脾胃矣；返复而顾，所以理其伤劳矣；大小朝天，所以通其五脏矣；咽津补气，左右挑其手；摆鳝之尾，所以祛心之疾矣；左右手以攀其足，所以治其腰矣。"从其记载的内容中我们可以看出，八段锦把中医理论与简单的健身操融合在一起，既有理论指导、实践操作，也有针对病症的治疗之法，可成套可分解，操作简便，具有一定的科学性，因此流传广泛，深受人们的喜爱。宋代的导引健身法把肢体运动与中医理论、按摩等结合起来，把古代的导引养生发展向前推进一步，对明清导引养生的发展产生了较大的影响。明代在继承前人理论的基础上，对导引养生方法做了进一步的整理与编辑，使古代养生体育更加通俗易懂，以图文并茂的形式，传播更加广泛。明代万全作为名医，他在《养生四要》中提到了四要："寡欲，慎动，法时，却疾。"从医学的角度明确地讲了："养生之道，只要不思声色，不思胜负，不思得失，不思荣辱，心无烦恼，形无劳倦，而兼之以导引，助之以服饵，未有不长生者也。"万全的这段话精辟地总结了养生之法，不贪恋色欲，不计较荣辱得失，凡事看得开，不过度劳累，适当地进行运动，加以服用丹药，这样定会长寿。虽然他的观点有不合理的地方，但他提到的一些关于保健养生的理念还是值得借鉴，尤其是在利用导引来进行保健防病方面。《易筋经》的问世对于养生体育的发展来说是一大飞跃，它的动作简单易操作，肢体动作配合气息调节，使身体的四肢、胸、背、腰、腹等各个部位都得到锻炼，是一套突出内外兼修的功法，流传广泛。《易筋经》始见于明代天启年间的一个手抄本，现流行的是清代潘蔚整理编辑的《易筋经十二势》，其十二势有：一至三势"韦驮献杵势"、四势"摘星换斗势"、五势"倒拽九牛尾势"、六势"出爪亮翅势"、七势"九鬼拔马刀势"、八势"三盘落地势"、九势"青龙探爪势"、十势"卧虎扑食势"、十一势"打躬势"、十二势"掉尾势"。易筋经的十二势包括内功和外功，主要采用一定的姿势配合呼吸，强健筋脉和脏腑等，大多采用静力性动作，呼吸以舒适为宜。

人们比较熟知的太极拳就是在明清时期创编的，关于太极拳创编的年代有多种说法，大家比较认可的是明末清初河南温县陈王廷创编的说法。在《温县志》中记载有陈王廷的《遗词》，“到今而，年老残喘，只落得《黄庭》一卷随身伴。闷来时造拳，忙来时耕田，趁余闲，教下些弟子儿孙，成龙成虎任方便。”宋代哲学家周敦颐在《太极图说》中把太极图的宇宙观解释为：“无极而太极，太极动而生阳，动极而静，静而生阴，静极复动。一动一静，互为其根。分阴分阳，两仪立焉。”太极拳吸取了这一观点，把内家拳的静气和外家拳的动力结合起来，“一动一静，互为其根”，融合起来成了“太极拳”。陈王廷创编的太极拳被后世称为陈氏太极拳。经过后世的传承与发展，太极拳经过不断的改编，出现了多种不同套路的太极拳，有杨露禅改编的杨氏太极拳，武禹襄改编的武氏太极拳，孙禄堂改编的孙氏太极拳，吴鉴泉改编的吴式太极拳等。现在太极拳运动已经受到全世界爱好者的喜爱，它不仅把内外功结合，还把意念、呼吸运动等融合在一起，动作周而复始，连绵不断，运动量可大可小，运动人群不限，老少皆宜，而且太极拳出现后，又衍生出太极剑、太极刀、太极棍、太极扇等，不同器械与太极的融合，使太极健身形式更加丰富多彩，形成既可以单练，又可以对练的形式。

二、养生体育的现代发展

增强体质、促进健康是体育锻炼的主要目的。体育养生健身是人们都比较认可的观点，并有了体育保健、追求体质健康的意识。国家层面上也在大力倡导和推进这项工作。如传统体育健身功法有五禽戏、八段锦、易筋经、太极拳等，且成立了很多关于研究传统体育功法的机构，如中国太极拳运动协会、八段锦中华气功协会、五禽戏协会、易筋经协会、中国健身气功协会等。推广传统体育功法的各类比赛也有很多，如全国健身气功比赛、全国健身气功易筋经比赛、全国太极拳比赛、太极拳锦标赛等。2020 年网络视频系列大赛中有“全国健身气功网络视频系列大赛之五禽戏公开赛”“全球太极拳网络大赛”等。传统体育健身养生功法作为中华优秀传统文化，受到国家的保护，2013 年国家体育总局体育文化发展中心出台了《中国体育非物质文化遗产保护与推广管理办法》，为我国传统体育文化的传承、发展与推广指明了方向，成为推广中华优秀传统体育文化的指导性文件。

现代社会，人们注重体育养生与健身的意识越来越强烈，可参与的健身方式有很多，如游泳、排舞、马拉松等。排舞动作简单，对场地要求不高，配上音乐大家一起来跳动，运动量可根据自己的实际情况来控制，非常受欢迎，是一项普及度非常高的大众健身方式。排舞也有很多比赛，国际上的赛事有世界排舞大赛，全国和各省市的比赛也非常多，对促进排舞发展有很大的推动作用。国家体育总局体操管理中心也定期推广规定套路，并进行定期免费培训。目前，参与排舞健身的人遍布城市和乡村，一群人在一块空地跟着音乐的节拍进行舞动，是城市、乡村中一道亮丽的风景线。“马拉松”是全世界爱好跑步的人的一个代名词，据中国专业马拉松网站统计，我国每年以地方命名而举办的马拉松就有 100 多场赛事，其中根据当地的实际情况设置的赛事有半程、全程，如成都女子半程马拉松、杭州女子马拉松、成都马拉松、杭州马拉松等，也有在“马拉松”比赛中，分设全程、半程、迷你和亲子等，并有邀请精英、种子选手等参赛来增加赛事看点。随着人们对马拉松的热情越来越高，参赛人数也越来越多，参赛队员采用报名摇号的形式来确定最终参赛资格，可见大家对马拉松运动的追捧程度。

总体来说，人们参加哪种健身形式不是最重要的，重要的是这项运动能给你带来健康和愉悦。人们可以通过适当适量的体育运动进行健身，再配以合理的膳食，达到养生保健的目的。

第二节　越地养生体育的理论发展

越地有两千多年的历史，人们在生活中总结了很多关于保健养生方面的经验，涉及饮食起居、行气导引、呼吸按摩、炼丹及房中术等，在诸多的保健养生方法中涉及体育属性的是导引。越地先辈们在实践摸索中总结了丰富的养生体育理论和实践方法，在我国的古代养生之道上也有一些建树。

一、古代越地养生体育理论

越地有关养生方面的论述在东汉时期就有了，我国历史上著名的唯物主义哲学家王充是会稽郡上虞县（今上虞）人，他在将近70岁身体衰退时，撰写了《养性》（这里的性同生）十六篇。王充在《论衡》中对《养性》的思想有所阐述。他认为“气”是构成事物的本原，天地都是由气所生，天地之气还分阴阳，人由气所组成，阴气为骨肉，阳气为精神，且认为“形须气而生，气须形而知”。他所说的“气”应该是具有物质性的，人则是由阴阳两气凝聚而成，是骨肉与精神的统一体，而这里的“养”应该不是静止不动，而是锻炼、培养的意思。

陆游，山阴（今越地绍兴）人，不仅是南宋著名的爱国主义诗人，还是一个养生家。陆游认为家务活动也是一种运动。他有一首反映平时做家务的《扫地诗》：“一帚常在傍，有暇即扫地。既省课童奴，亦以平血气。按摩与导引，虽善亦多事。不如扫地法，延年直差易。”这种养生法让人意想不到，将扫地当作一种舒筋活血的活动，省钱省力又有益身心，何乐而不为呢？这也是一种心态的体现。陆游还写过不少反映田园生活的诗，如“小园烟草接邻家，桑柘阴阴一径斜。卧读陶诗未终卷，又乘微雨去锄瓜。”“村南村北鹁鸪声，水刺新秧漫漫平。行遍天涯万里路，却从邻父学春耕。”有规律的生活习惯与适当劳作，对其能活到85岁的高龄有巨大益处。

明朝时期，越地养生体育发展较为快速，出现了多位养生家及多部著作，对我国养生体育的发展有着一定的积极意义。冷谦，元末明初人，其所著的《修龄要旨》是明代一部内容较丰富的气功与养生保健专书。他的观点是将春、夏、秋、冬4个季节和12个月结合起来，调摄人体脏腑的生理功能，同时探讨和研究了生活起居与养生的关系与作用。他结合自身锻炼，还对呼吸吐纳、导引之术进行了讨论和论述，其撰写的《修龄要指》内容简明扼要，能够理论联系实际，对人们的养生保健、强身健体、防治疾病等都有着重要的指导意义和使用价值，在民间流传很广泛，深受欢迎。该书整体内容分为9个部分，即《四时调摄》《起居调摄》《延年六字诀》《四季祛病歌》《八段锦法》《长生十六字诀》《导引祛病歌诀》《十六段锦法》《祛病八则》。在这9个部分中，《长生十六字诀》《导引祛病歌诀》尤为突出,《长生十六字诀》主要指“一吸便提，气气归脐；一提便咽，水火相见。”这 16 个字主要讲的是坐功，清晨起床后，通过练习津液、行气来达到健身防病的目的。

《导引祛病歌诀》

水潮除后患诀曰：津液频生在舌端，寻常漱咽下丹田。于中畅美无凝滞，百日功灵可驻颜。

起火得长安诀曰：阳火须知自下生，阴符上降落黄庭。周流不息精神固，此是真人大练形。

梦失封金匮诀曰：精滑神疲欲火攻，梦中遗失致伤生。搓摩有诀君须记，绝欲除贪最上乘。

形衰守玉关诀曰：却老扶衰别有方，不须身外觅阴阳。玉关谨守常渊默，气足神全寿更康。

鼓呵消积聚诀曰：气滞脾虚食不消，胸中鼓闷最难调。徐徐呵鼓潜通泰，疾退身安莫久劳。

兜礼治伤寒诀曰：跏趺端坐向蒲团，手握阴囊意要专。运气叩头三五遍，顿令寒疾立时安。

叩齿牙无疾诀曰：热极风生齿不宁，凌晨叩漱自惺惺。若教运用常无隔，还许他年老复丁。

升观鬓不斑诀曰：神气冲和精自全，存无守有养胎仙。心中念虑皆消灭，要学神仙也不难。

运睛除眼翳诀曰：喜怒伤神目不明，垂帘塞兑养元精。精生气化神来复，五内阴魔自失惊。

掩耳去头旋诀曰：视听无闻意在心，神从髓海逐邪气。更兼精气无虚耗，可学蓬莱境上人。

托踏应轻骨诀曰：精气冲和五脏安，四肢完固骨强坚。虽然不得九圭饵，且住人间作地仙。

搓涂自美颜诀曰：寡欲心虚气血盈，自然五脏得和平。衰颜仗此增光泽，不美人间五等荣。

闭摩通滞气诀曰：荣卫流行不暂休，一才凝滞便堪忧。谁知闭息能畅通，此外何须别计求。

疑抱固丹田诀曰：丹田完固气归根，气聚神疑道合真。久视定顺从此始，莫教虚度好光阴。

谈食能多补诀曰：厚昧伤人无所知，能甘淡薄是吾师。三千功行从兹始，天签行藏信有之。

无心得大还诀曰：有作有为云至要，无声无臭语方奇。中秋午夜通消息，明月当空造化基。

仰卧，伸两足，竖足趾，伸两臂，伸十指，俱着力向下，左右连身牵动数遍。

仰卧，伸左足，以右足屈向前，两手用力攀至左，及胁；攀左足同，轮流行。

仰卧，竖两膝，膝头相并，两足向外，以左右手各攀左右足，着力向外数遍。

仰卧，伸左足，竖右膝，两手兜住右足底，用力向上，膝头至胸；兜左足同，轮流行。

仰卧，伸两足，两手握大拇指，首着枕，两肘着席，微举腰摇动数遍。

立功五节：

正立，两手叉向后，举左足空掉（摆动）数遍；掉右足同，轮流行。

正立，仰面昂胸，伸直两臂，向前，开掌相并，抬起，如抬重物，高及首，数遍。

正立，横伸两臂，左右托开，手握大拇指，宛转顺逆摇动，不计遍。

正立，两臂垂向前，近腹，手握大拇指，如提百钧（每钧重 30 斤）重物，左右肩俱耸动，数遍。

正立，开掌，一臂挺直向上，如托重物，一臂挺直向下，如压重物，左右手轮流行。

坐功十节：夜晚寝卧之前 1 小时内可静坐操练之，有助于安眠，并能提高睡眠质量。

跌坐，即盘腿而坐，擦热两掌，作洗面状，眼眶鼻梁耳根，各处俱到，面觉微热为度。

跌坐，伸腰，两手置膝，以目随头左右瞻顾，如摇头状，数十遍。

跌坐，伸腰，两臂用力，作挽硬弓势，左右臂轮流互行之。

跌坐，伸腰，两手仰掌，挺肘用力，齐向上，如托百钧重物，数遍。

跌坐，伸腰，两手握大拇指作拳，向前用力，作捶物状，数遍。

跌坐，两手握大拇指向后托实坐处，微举臀，以腰摇摆数遍。

跌坐，伸膝，两手置膝，以腰前扭后扭，复左侧右侧（扭动），全身着力，互行之，不计遍。

跌坐，伸腰，两手开掌，十指相叉，两肘拱起，掌按胸前，反掌推出，正掌挽来（入），数遍。

跌坐，两手握大拇指作拳，反后捶背及腰，又向前左右交捶背及腿，取快而止。

跌坐，两手按膝，左右肩前后扭，如转辘轳，令骨节俱响，背觉微热为度。

除此之外，越地还有一些养生家，如杨继洲、张景岳、袁黄、王文禄等，对越地养生体育的发展起到了一定的推动作用。越地养生体育的发展与我国养生体育的发展步伐上基本是一致的，虽在一些观点上有差异，但和当时的社会环境有一定的关系。古代我国君主专制统治时期较长，养生体育的发展以统治阶级意志为导向，越地虽处于权力边缘，没有受到统治阶级对其大的影响，但在统治阶级倡导金丹术时，越地养生体育的发展也受到了一定的影响。

二、越地现代养生体育思想

现在的浙江经济实力在全国都处于领先地位，国家统计局公布了 31 个省份 2022 年居民人均可支配收入数据，除了上海、北京两个直辖市外，浙江省的人均可支配收入紧随其后，位列全国第三。物质基础好了，人们更加追求身体健康，总体来说，浙江现代养生思想主要体现在以下方面：

从全国运动会到奥运会上都可以看出，浙江的运动健儿在运动场上挥洒汗水，领奖台上的灿烂笑容，奖牌的背后是多少个日日夜夜的刻苦训练，没有坚强的意志和刻苦努力的精神，是无法站到世界最高领奖台的。赛场上浙江健儿英姿飒爽，赛场下的浙江人也不甘寂寞，早晚的公园、广场、小区空地等到处都是健身走、跳广场舞的人，乒乓球馆、羽毛球馆、篮球馆、足球场地等都是热爱运动的人们，健身馆、瑜伽馆等也能看到人们运动健身的身影。近几年来风靡全国的气排球运动在浙江开展得如火如荼，每个城市都有定期的气排球比赛，各个地区间也有邀请赛、交流赛等，参赛人员老少皆宜，该项目适合所有人群，群众基础非常好。

随着经济水平的提高，浙江人的健康意识也不断提升，除了控制饮食外，人们还比较注重休闲娱乐。例如，春天约上几个好友开车到郊外踏青、烧烤，夏天约上几家去山里避暑，吃农家菜，秋天去爬山，冬天去喝茶等。现代科技的发达，使人们的生活变得快捷、轻松，闲暇时间就可以做自己喜欢的运动了，如爬山、打球等，既娱乐身心，又有益健康。

第七章　越地体育非物质文化遗产

我国是一个有悠久历史的文明古国，各个民族、各个地区的发展都在不断向前推进，既有向文明前进的同一目标，又有各自的发展特色。越地既有河姆渡文化、马家浜文化、良渚文化等史前文明，又是吴越文化的发祥地，在越地文化中，体育非物质文化具有其独特的意义。从 20 世纪 80 年代开始，国家对民间文学与民间表演艺术进行普查，越地挖掘出很多优秀的体育非物质文化遗产，这些丰富的体育非物质文化遗产不仅是越地先辈们智慧的结晶、历史发展真实的写照与见证和越地文化的根基，也是越地文化的组成部分。加强越地体育非物质文化遗产的挖掘、保护与传承，不仅是响应党和国家对传承优秀传统文化工作的需要，也是浙江省建设文化大省的需要。2017 年国务院印发中共中央办公厅国务院办公厅印发的《关于实施中华优秀传统文化传承发展工程的意见》和 2021 年 8 月中共中央办公厅 国务院办公厅印发的《关于进一步加强非物质文化遗产保护工作的意见》，大大推进了非物质文化遗产的挖掘与保护工作。

第一节　越地体育非物质文化遗产的现状

非物质文化遗产是中华优秀传统文化的重要组成部分和中华文明绵延传承的生动见证。体育非物质文化遗产是非物质文化遗产的一部分，越地对体育非物质文化遗产的挖掘和保护工作目前已经取得了一些成绩，为了进一步加强后期工作的持续，应加大保护力度。

一、浙江省国家级体育非物质文化遗产

目前浙江省体育非物质文化遗产保护项目已经公布的有68项目录，其中列入国家级非物质文化遗产项目目录的有4个批次共12项，如表7–1所示。

表7–1　浙江省国家级非物质文化遗产项目（传统体育、游艺与杂技）

序号	项目名称	地点	保护单位	时间批次
1	翻九楼	杭州萧山区	杭州市非物质文化遗产保护办公室	2008年第二批
2	翻九楼	金华东阳市	东阳文化馆	2008年第二批
3	调吊	绍兴市	绍兴市群众艺术馆	2008年第二批
4	线狮（九狮图）	金华永康市	永康市民间艺术表演协会	2008年第二批
5	线狮（九狮图）	台州仙居县	仙居县非物质文化遗产保护中心	2008年第二批
6	十八般武艺	杭州余杭区	杭州西溪（五常）民间武术队	2011年第三批
7	迎罗汉	丽水缙云县	缙云迎罗汉活动理事会	2011年第三批
8	掼牛	嘉兴南湖区	嘉兴市南湖区文化馆（嘉兴市南湖区非物质文化遗产保护中心）	2011年第三批
9	高杆船技	嘉兴桐乡市	桐乡市文化馆（桐乡市金仲华纪念馆、桐乡市非物质文化遗产保护中心）	2011年第三批
10	线狮（草塔抖狮子）	绍兴诸暨市	诸暨市文化馆	2014年第四批
11	易筋经（天台山易筋经）	台州天台县	天台山桐柏宫	2021年第五批
12	迎大旗	金华磐安县	磐安县文化馆	2021年第五批

二、浙江省省级体育非物质文化遗产

截至 2023 年，浙江省公布的省级非物质文化遗产项目目录共有 6 个批次，第一批次和第六批次中没有传统体育、游艺与杂技，其中在 2007 年公布的第二批省级非物质文化遗产项目目录中有传统体育、游艺与杂技 11 项，如表 7–2 所示。

表 7–2 第二批省级非物质文化遗产项目（传统体育、游艺和杂技）

序号	项目名称	地点	保护单位	获批时间
1	九狮图	金华永康市	永康市民间艺术表演协会	2007年
2	五常十八般武艺	杭州余杭区	杭州市余杭区文化广电新闻出版局	2007年
3	翻九楼	杭州萧山区、金华东阳市	杭州市萧山区浦阳镇民间文化研究协会	2007年
4	翻九楼	金华东阳市	东阳市人民政府	2007年
5	调吊	绍兴市	绍兴市文化广电新闻出版局	2007年
6	迎大旗	金华磐安县	磐安县文化馆	2007年
7	问凳	丽水景宁畲族自治县	景宁县非物质文化遗产保护中心	2007年
8	十八罗汉	台州仙居县	仙居县文化发展中心	2007年
9	罗汉班	金华义乌市	义乌市大陈镇八里桥头罗汉班	2007年
10	瑶山秋千	杭州淳安县	淳安县文化广电新闻出版局	2007年
11	后宅高跷	金华义乌市	后宅街道办事处	2007年

2009 年公布的第三批省级非物质文化遗产项目目录中传统体育、游艺与杂技项目是 6 个批次中数量最多的，有 29 个项目，如表 7–3 所示。

表 7–3 第三批非物质文化遗产项目（传统体育、游艺和杂技）

序号	项目名称	地点	保护单位	获批时间
1	秋千（富山露台）	杭州淳安县	淳安县文化广电新闻出版局	2009年
2	水浒名拳	宁波北仑区	梅山乡人民政府	2009年
3	内家拳	宁波鄞州区	宁波市鄞州区五乡镇人民政府	2009年
4	岳家拳（岳武穆柔术）	金华市	金华市武术协会	2009年
5	南拳（天台皇都南拳）	台州天台县	天台县人民政府	2009年
6	南拳（乐清南拳）	温州乐清市	乐清市文化广电新闻出版局	2009年
7	南拳（平阳白鹤拳）	温州平阳县	阳县文化广电新闻出版局	2009年

续表

序号	项目名称	地点	保护单位	获批时间
8	南拳（永嘉上瓯上新屋南拳）	温州永嘉县	永嘉县文化广电新闻出版局	2009年
9	常山猷辂拳	衢州常山县	常山县文化馆	2009年
10	武林活拳	杭州拱墅区	拱墅区文广新局	2009年
11	舟山船拳	舟山普陀区	普陀区体育中心	2009年
12	舟山船拳	舟山岱山县	岱山县非物质文化遗产保护中心	2009年
13	练市船拳	湖州南浔区	南浔区非物质文化遗产保护中心	2009年
14	新前武术	台州黄岩区	黄岩区非物质文化遗产保护中心	2009年
15	遂昌茶园武术	丽水遂昌县	遂昌县非物质文化遗产保护中心	2009年
16	上宕功夫	丽水缙云县	缙云县文化广电新闻出版局	2009年
17	凳花	丽水龙泉市	龙泉市文广新局	2009年
18	渔民传统竞技	舟山普陀区	普陀区非物质文化遗产保护中心	2009年
19	大纛旗	嘉兴桐乡市	桐乡市文化广电新闻出版局	2009年
20	高杆船杂技	嘉兴桐乡市	桐乡市文化广电新闻出版局	2009年
21	磐安叠牌坊	金华磐安县	磐安县文化馆	2009年
22	永康打罗汉	金华永康市	永康市非物质文化遗产保护中心	2009年
23	迎罗汉	丽水缙云县	缙云县文化广电新闻出版局	2009年
24	三塔踏白船	嘉兴南湖区	嘉兴市南湖区文化馆	2009年
25	开天门	丽水龙泉市	龙泉市文广新局	2009年
26	水火流星	宁波慈溪市	龙山镇人民政府	2009年
27	嘉兴掼牛	嘉兴南湖区	嘉兴市南湖区文化馆	2009年
28	赶野猪	丽水景宁畲族自治县	景宁县非物质文化遗产保护中心	2009年
29	操石磉	丽水景宁畲族自治县	景宁县非物质文化遗产保护中心	2009年

2012年公布的第四批省级非物质文化遗产项目目录中传统体育、游艺与杂技项目在6个批次中数量也比较多，有21个项目，如表7–4所示。

表7–4　第四批省级非物质文化遗产项目（传统体育、游艺和杂技）

序号	项目名称	地区	保护单位	获批时间
1	翻九楼	温州泰顺县	泰顺县非物质文化遗产保护中心	2012年
2	赵家拳棒	绍兴诸暨市	赵家镇人民政府	2012年
3	天罡拳	杭州建德市	建德市天罡拳研究会	2012年

续表

序号	项目名称	地区	保护单位	获批时间
4	鹰爪功	杭州拱墅区	杭州市下城区文化馆	2012年
5	船拳（西溪船拳）	杭州西湖区	西湖区文化广电新闻出版局	2012年
6	船拳（南湖船拳）	嘉兴南湖区	嘉兴市南湖区解放街道办事处	2012年
7	龙舟竞渡	宁波鄞州区	宁波市鄞州区云龙镇前后陈村	2012年
8	龙舟竞渡	温州市	温州市非物质文化遗产保护中心	2012年
9	精武拳（械）技	宁波余姚市	余姚市精武体育会	2012年
10	舞方天戟	嘉兴桐乡市	桐乡市非物质文化遗产保护中心	2012年
11	大成拳	金华金东区	金华市金东区大成拳（意拳）协会	2012年
12	武当太乙拳（宋氏门）	衢州常山县	常山县文化馆	2012年
13	灵溪奚家拳	台州天台县	三合镇灵溪社区	2012年
14	小坑七心拳	台州三门县	三门县非物质文化遗产保护中心	2012年
15	菇民防身术	丽水龙泉市	龙泉市文化广电新闻出版局	2012年
16	菇民防身术	丽水庆元县	庆元县文化馆	2012年
17	菇民防身术	丽水景宁畲族自治县	景宁县非物质文化遗产保护中心	2012年
18	南拳（温州南拳）	温州鹿城区	温州市鹿城区武术协会	2012年
19	南拳（温州南拳）	温州龙湾区	温州市龙湾区武术协会南拳分会	2012年
20	线狮（草塔抖狮子）	绍兴诸暨市	诸暨市文化馆	2012年
21	十八般武艺	杭州临安区	临安市板桥乡上田村	2012年

2016 年公布的第五批省级非物质文化遗产项目目录中传统体育、游艺与杂技项目有 8 个项目，如表 7–5 所示。

表 7–5　第五批非物质文化遗产项目（传统体育、游艺和杂技）

序号	项目名称	地点	保护单位	获批时间
1	雁荡山飞渡	温州乐清市	乐清市非物质文化遗产保护中心	2016年
2	桌凳农具花	绍兴上虞区	上虞经济开发区（曹娥街道）公共文化服务中心	2016年
3	绍兴民间棋类游戏	绍兴越城区	绍兴市越城区文化馆	2016年
4	南太极拳	台州黄岩区	台州国际文武学校	2016年
5	缩山拳	台州临海市	临海市非物质文化遗产保护中心	2016年
6	天台山易筋经	台州天台县	天台县非物质文化遗产保护中心	2016年
7	云和八步洪拳	丽水云和县	云和县武术协会	2016年
8	翻龙泉	丽水莲都区	莲都区非物质文化遗产保护中心	2016年

三、浙江省市级体育非物质文化遗产

除了有国家级和省级的体育非物质文化遗产项目，浙江省各个地市也公布过很多体育类非物质文化遗产项目。例如，杭州的临安水龙、项氏内家拳、罗汉内功、富春茶龙、龙舞（长乐草龙）等，温州的太极拳（鹿城褚氏太极拳）、苍南荡木秋千、八卦掌、南拳棒法、刚柔虎安拳、温州刚柔拳、温州龙蛇棒（丈二棒）、陈式传统太极拳、宫门八卦掌、铜钟功、叶式太极拳、田式太极拳、龙湾陈氏小架太极拳、苍南陈氏太极拳、文成畲家拳、泰顺斗牛、翻九楼（文成吊九楼）、温州少林灵玲门拳术、温州虎鹤双形拳、温州瑞安悟鸡拳、温州马坦拳、南拳双锏、踏高跷、八卦掌、温州五龟拳、温州五祖拳、温州永昌堡王家拳、飞熊拳法、五鸡拳法、苍南悟肢拳法、温州猴拳、南少林拳东山下法、温州苍南大山老爷长短棒法、温州刚柔法、温州势车棍棒法、温州丁氏五祖拳、温州苍南雄奇拳五基法、自然门功法、少林易筋经、五支拳法、南少林定毅拳术、攻柔拳术、推马等，仅是温州南拳和太极拳拳法就有很多种，温州市级的传统体育、游艺与杂技项目就有 60 多种。温州的武术发展历史悠久，历代名人、高手众多，曾经有 18 位武状元，武科进士更是数不胜数。民间的武术运动遍及温州城乡，据不完全统计，全市现有武术学校十多家，学习武术的人数超过 10 万人，每年参加各级、各类武术考级的人数都超过万人，而武术协会、武术博物馆等也展示着当地武术发展的辉煌历史和武术精神。

第二节　越地体育非物质文化遗产的保护

非物质文化遗产是各族人民世代相承的、与群众生活密切相关的各种传统文化表现形式和文化空间。非物质文化遗产是历史发展的见证，也是历史发展过程的重要组成部分，其有重要价值与历史意义。我国人民在长期的生活生产实践中

创造出丰富多彩的非物质文化遗产，它们是中华民族智慧的结晶。体育类活动作为非物质文化遗产的组成部分，它伴随着人类生产生活与社会的发展，承载着人类社会的文明，蕴含着民族精神和民族意识，体现着文化价值和文化底蕴。同时，人们通过体育活动，追求自我价值，挖掘自我潜力，达到愉悦身心、强健身体、健康长寿的目的。加强非物质文化遗产保护不仅是国家和民族发展的需要，也是人类社会可持续发展的必然要求。

一、越地体育非物质文化遗产保护形式

（一）建立保护体系

在国家大力挖掘中华优秀传统文化的背景下，国务院发布《关于加强文化遗产保护的通知》，并制定了“国家 + 省 + 市 + 县”4 级保护体系。省级的保护体系有江苏省非物质文化遗产名录、浙江省非物质文化遗产名录、安徽省非物质文化遗产名录、山东省非物质文化遗产名录等 31 个省级非物质文化遗产名录。市级的有扬州市非物质文化遗产名录、徐州市非物质文化遗产名录、天津市非物质文化遗产名录、菏泽市非物质文化遗产名录等 334 个市级非物质文化遗产名录。县级的有高邮市非物质文化遗产名录、昆山市非物质文化遗产名录、衡南县非物质文化遗产名录等 2853 个县级非物质文化遗产名录。

浙江省的体育非物质文化遗产保护已经形成了“省 + 市 + 县 + 区”4 级保护体系，省级体育非物质文化遗产保护项目已经公布的有 68 项目录，县级和区级的体育非物质文化遗产名录也有公布，如三门县的小坑狮子拳（海游镇）、下岙周村传统舞狮（海游街道下岙周村）；衢州市龙游县的螃蟹拳（石佛乡大力山村）、硬头狮子（湖镇镇）、貔貅（模环乡）、脱节龙（龙游县）、小儿走马灯（社阳乡）、横山稻草龙（横山镇）、滚花龙（湖镇镇）等；台州市黄岩区的新前采茶舞（新前街道）、闹湖船（南城街道）、十里铺高跷（南城街道）、十里铺抬阁（南城街道）、院桥高台狮舞（院桥镇）、长塘滚双狮（北城街道）、七里舞狮（新前街道）、岩头滚马（北洋镇）等；绍兴上虞区的崧厦耙棒会、传统体育游戏、桌花、凳花、扁

担花等；台州天台县的驶旱船、拜凳头、板龙、看龙灯、打莲厢、长狮子、紫阳掌、天台舞龙等；温州泰顺县的泰顺斗牛、马灯舞、龙凤狮子灯、泰顺碇步龙、畲族钉鞋舞、泰顺八宝灯、温州南拳等；景宁作为全国唯一的一个畲族自治县，其传统的畲乡功夫、炼火、茹民防身术等也榜上有名。

（二）建立法律法规

浙江省作为江南富庶之地，被国家列为全国非物质文化遗产保护综合试点地区，因此，关于非物质文化遗产的普查工作启动较早、规模较大、方法较新、措施较实、成果也丰硕。作为试点地区，没有模板和经验可以借鉴，浙江省在普查方法方面不断地摸索，整个普查过程是地毯式的从市区、社区、街道，再到所有乡镇、行政村，摸排清楚各种非物质文化遗产资源，并进行了相应的数量、分布状况、生存环境、保护传承现状的登记及种类分类工作。2006 年，财政部、文化部印发了《国家非物质文化遗产保护专项资金管理暂行办法》，浙江省非物质文化遗产的挖掘、保护、传承与创新工作开展得非常扎实有效，已经成为非物质文化遗产大省，为了进一步推动非物质文化遗产保护工作的开展，浙江省财政在国家政策的基础上设立了省非物质文化遗产保护专项资金，从 2006 年起，每年投入 1500 万元用来发掘和保护非物质文化遗产。

2007 年，浙江省第十届人民代表大会常务委员会第三十二次会议通过了《浙江省非物质文化遗产保护条例》，明确了非物质文化遗产的内容包括口头传统（包括作为文化载体的语言），传统表演艺术和传统竞技，传统手工艺技能和民间美术，传统礼仪、节庆、民俗活动，民间传统知识和实践，与上述传统文化表现形式相关的资料、实物和文化空间，其他需要保护的非物质文化遗产 7 个方面。同时，还明确了保护职责与保护经费、名录与传承、保护措施与管理、科学研究与合理利用、法律责任等。同年，出台《浙江省非物质文化遗产代表性传承人申报与认定办法》（浙文社〔2007〕）和《浙江省非物质文化遗产代表性传承人（民间老艺人）补贴实施暂行办法》（浙文社〔2007〕8 号）等文件，主要是对国家级和省级非物质文化遗产名录项目，65 周岁以上的代表性传承人、省文化行政部门命名的浙江省 65 周岁以上的“民间艺术家”，其他在民族民间艺术传承、发展中有突出贡献且生活艰难的民间老艺人等，给予一定的补贴，65～69 周岁（含）的，每人每年给予 3000 元补贴；70 周岁（含）以上的，每人每年给予 4000 元补贴。浙江省率先制定了非物质文化遗产保护的相关法律法规，使非物质文化遗产的保护与挖掘工作逐步向有法可依、有法可循、科学规范的方向发展。

2011 年，《中华人民共和国非物质文化遗产法》正式实施，在国家层面上对非物质文化遗产的认定、记录、建档等予以法律的保存措施，法律规定内容包括非物质文化遗产的调查、非物质文化遗产代表性项目名录、非物质文化遗产的传承与传播、法律责任和附件等。2012 年，财政部、文化部又印发了《国家非物质文化遗产保护专项资金管理办法》。

2018 年，浙江省文化和旅游厅印发《浙江省非物质文化遗产保护发展指数评估指标数据（2018 年度）》，浙江省非物质文化遗产保护发展指数包括名录体系、保存保护、传承传播、事业保障、队伍建设、信息化建设、工作创新 7 个方面 46 项内容，是利用无量纲化处理、采用功效系数法计算出来的统计数据，衡量某地区非遗保护情况的指标。2019 年《国家级非物质文化遗产代表性传承人管理办法》颁布，在国家政策的指导下，2020 年《浙江省级非物质文化遗产代表性传承人管理办法》和《浙江省级非物质文化遗产代表性传承人评估实施细则》等文件的出台，进一步保护、细化和明确了传承人的责任、义务和待遇，使传承人的管理、评估等都有了相关依据，对进一步推动浙江省非物质文化遗产的管理和发展起到了保障和促进作用。随着非物质文化遗产发展的需要，有些地市也出台了本地的相应政策，如 2007 年景宁畲族自治县人民政府办公室印发《景宁畲族自治县非物质文化遗产保护综合试点工作方案》，在上级文件精神的指导下，细化了本地的指导方针。

二、越地体育非物质文化遗产保护措施

（一）健全体育非物质文化遗产传承体系

浙江省作为非物质文化遗产发展的试点地区，不仅保护体系完善，法律制度

也相对完备，如《浙江省非物质文化遗产保护条例》《浙江省非物质文化遗产代表性传承人（民间老艺人）补贴实施暂行办法》《浙江省非物质文化遗产代表性传承人管理办法》《浙江省非物质文化遗产代表性传承人评估实施细则》等，这些政策的出台，是非物质文化遗产保护发展过程中的必然产物，也是非物质文化遗产发展到一定程度的必然结果。浙江省经济实力雄厚，人文底蕴深厚，在政府的大力支持下，非物质文化遗产的区域性整体保护制度、传承体验设施和理论研究逐步完善。

例如，绍兴市上虞区，其经济发展迅速且文化底蕴较好，在非物质文化遗产保护上积极响应国家号召，实施了一系列政策，全方位挖掘、保护和传承非物质文化遗产。从2007年起，上虞区就设立每年100万元的非物质文化遗产保护专项资金，2010年区非物质文化遗产保护中心正式成立。近几年来，建立了非物质文化遗产档案和数据库，截至2016年，上虞区拥有民间文学、传统音乐、传统舞蹈、传统戏剧、曲艺、传统体育游艺与杂技、传统美术、传统技艺、传统医药、民俗10类171项各级非物质文化遗产项目，其中有“桌凳农具花”“猩犴龙舞”“形意拳”等传统体育项目。

上虞区不仅在保护非物质文化遗产方面的力度很大，在传承上方式更丰富、形式更多样，通过整合组建了52支民间文艺团队，如民间吹打乐队、高跷队、舞龙队、舞狮队、剪纸队等。另外，上虞区还积极尝试在区非遗馆、村（社区）农村文化礼堂、学校等举办丰富多彩的非遗主题展览和培训班，最大限度地满足了人们对传统文化的需求。目前，上虞区已建立省、市、区三级传承体系，并有各类传承基地44个。上虞区对非物质文化遗产实施了“静态”与“活态”传承相结合的方式，非物质文化遗产展示馆从文物方面传递着文化内涵，通过实体展示最原始的文化状态。上虞区在进行非物质文化遗产普查时，做成多期汇编本出版，在还原非物质文化遗产原貌的基础上，通过举办全区非遗知识竞赛、非遗摄影和征文比赛、民间吹打擂台赛、梁湖年糕糕塑（泥塑）制作大赛等活动，推动了非物质文化遗产的“活态”传承。

（二）建立与保护体育非物质文化遗产传承载体

创造非物质文化遗产的价值，充分利用好传承基地与传承载体，把体育非物质文化遗产与学校教育相结合，既可以丰富学校体育的教学内容，让学生们了解优秀的传统体育文化，对其进行传统文化教育，也为培养项目传承人打下基础。2008年，浙江省文化厅联合省教育厅，在全省范围内首次推出省级非物质文化遗产传承教学基地的创建活动，其目的正是要充分发挥教育界在非遗传承与保护过程中的积极作用。2010年，浙江省公布了首批62个省级非物质文化遗产传承教学基地，其中包括高校与高职16个，职业中专、中学、小学、校外教育单位46个，而与体育相关的省级非物质文化遗产传承基地就有10个。

浙江省的各个市、县、区对体育非物质文化遗产的保护、传承与利用都非常重视，针对不同的体育非物质文化遗产设置了不同的保护与传承形式，如传承基地、教学基地、传统节日、生产性保护、文化生态区、文化节庆、展示场馆、非遗景区研究基地等。为了进一步响应上级号召，各地区纷纷申报了不同级别的传承基地，基本每个地区都有涉及。宁波关于体育的非物质文化遗产传承基地相对较多，有十多个，如鄞州区五乡镇铁佛寺“四明内家拳”传承基地、北仑区梅山小学“水浒名拳”传承基地，奉化区尚田镇中心小学、奉化区高级中学、奉化区岳林街道周家村和奉化区尚田镇条宅村等为“奉化布龙”的传承基地，宁波大学“传统武术”传承基地、余姚市职教中心学校“精武拳械”传承基地、鄞州区横溪镇横溪村和慈溪市龙山镇实验小学“水火流星”传承基地、鄞州区云龙镇前后陈村“龙舟竞渡”传承基地、宁海县第一职业中学“宁海狮舞”传承基地；北仑柴桥实验小学“造跌”传承基地、余姚市泗门镇铜钱桥张家犴舞队“犴舞”传承基地、余姚泗门镇中心小学“木偶摔跤、犴舞、腰鼓”传承基地等；金华有水亭畲族乡柏园小学“断头龙”传承基地、永康市民主小学“十八蝴蝶”传承基地、义乌工商职业技术学院“传统武术”传承基地等；杭州有淳安县千岛湖镇第一小学（竹马）传承基地、余杭区中泰武术学校“余杭滚灯”传承基地、杭州师范大学“传统体育”传承基地、萧山区河上镇中心小学“跑马灯、走高跷”传承基地等。丽水有“龙泉菇民防身术”传承基地、景宁民族中学“问凳”传承基地等；温州有永嘉县瓯渠武术馆“南拳”传承基地、温州市大教白鹤拳研究会“平阳白鹤拳”传承基地等；绍兴有上虞区的中塘学校（曹娥形意拳）传承基地、杜浦小学（传统体育游戏）传承基地等；湖州有长兴县职业技术教育中心“百叶龙”传承基地；

衢州有开化县苏庄镇中学“苏庄草龙”传承基地等；台州有临海市非物质文化遗产保护中心“黄沙狮子”传承基地；嘉兴有海盐县文化馆“海盐滚灯”传承基地等。

非物质文化遗产传承教学基地的建设，是进一步了解浙江省非遗、保护浙江省非遗和传承浙江省非遗的一种形式和保障，而且通过学校传播非遗传承理念不仅影响千千万万个家庭，还影响千千万万个家庭所在的社区、街道和乡村，通过这种辐射功能，使保护与传承非物质文化遗产的意识与行动得到全面开展。除了传承基地，还有传统节日和研究基地、非物质文化遗产馆等涉及传统体育的传承，无论以哪种载体呈现，只要科学合理地对非物质文化遗产进行保护、传承和利用，都是值得肯定与推广的。

三、越地体育非物质文化遗产保护与发展面临的困难

（一）传承人方面

在信息高度发达的现代社会，非物质文化遗产受到现代文明和外来文化的冲击，使愿意参与非物质文化遗产传承的人越来越少，尤其是体育类非物质文化遗产的传承人，和其他类非物质文化遗产代表项目相比，体育相关的代表性项目有明显的特征，其对传承人的身体素质和年龄都有一定的要求和限制。有些项目不是一两个人就能完成的，集体项目需要多人配合才能完成，这就涉及几个方面的问题。首先是时间问题。目前我们的体育类非物质文化遗产传承人并不是一项专业职业，传承人有自己的本职工作，大家基本都是利用业余时间进行练习，同时需要多人配合的时候，很难集中起来一起进行练习。例如，翻九楼、九狮图等项目，无论参与人是乡下的还是城市里的，大家平时都在忙着自己的工作，不仅要坚持锻炼，节假日还要陪家人和孩子，能够坚持下来的人不多。对项目的热爱和有文化情结的中年人，上有老下有小，存在工作、家庭等多方面压力，心有余而力不足。其次是年龄问题。体育竞技项目有一定的危险性，随着年龄的增长，人们身体的灵活性、反应能力等方面都有所降低，某些项目是需要不断地加入新鲜血液的。还有一些项目从小就要练童子功，但现在的孩子本身学习压力就很大，

而这种训练对孩子将来的学习没有很大帮助，又要耗费很多时间，大多数父母都不会选择让孩子花费太多时间和精力在训练上面。再有就是选材问题。不是每个人都有能力参与竞技体育项目的，只有有潜力、有毅力和有恒心的人，才能坚持把体育非物质文化遗产项目的基本功练习扎实。因此，在选择和培养体育非物质文化遗产项目传承人上存在一定的困难。

（二）经费方面

2006 年，财政部、文化部印发了《国家非物质文化遗产保护专项资金管理暂行办法》。为了进一步规范和加强国家非物质文化遗产保护专项资金的管理，提高资金的使用效益，2012 年，财政部、文化部印发了《国家非物质文化遗产保护专项资金管理办法》，该办法规定了专项资金的分类和开支范围，专项资金的申报、审批和拨付程序，以及专项资金的管理、使用和监督等。在国家政策指导下，浙江省政府每年拨款 1500 万元，支持非物质文化遗产项目的发展，而且在《浙江省非物质文化遗产代表性传承人（民间老艺人）补贴实施暂行办法》中明确了非物质文化遗产代表性传承人每年 3000 ~ 4000 元的补贴，但要到 65 周岁以上才能享受。虽然政府在经济上给予了一定的支持，但一个非物质文化遗产项目的维持需要的费用远远不止这些。

作为传统体育、游艺和竞技类的代表性项目，不仅需要传承人的坚持，还需要有器材、场地等，有些团体项目还需要多人的配合。龙舟竞渡是我国最古老的传统体育项目之一，历经几千年的传承与发展，承载了许多人的激情与梦想。作为传统体育项目，现在有很多赛事举办，如中华龙舟大赛、各类邀请赛等，但相对来说，费用也是较高的，现在龙舟所用的材料有木质的和玻璃钢的，参赛人数有 12 人的和 22 人的，仅仅小的龙舟都要上万元，大的龙舟甚至要几十万元，其中还有维护费用，同时还需要有一定的水域进行练习。可见，对于一些花费较大的体育类项目来说，政府的拨款也仅是杯水车薪，很难维持项目的持续发展。因此，体育类非物质文化遗产的维持与发展具有一定的特殊性，动态传承与发展需要投入大量的人力、物力与财力，这也是体育非物质文化遗产发展所面临的困难之一。

（三）生存环境

随着社会的不断进步，城市发展的步伐加快，体育相关的非物质文化遗产代表性项目，其生存的环境在现代文明的冲击下受到一定的破坏。很多农村郊区也规划成为城区的一部分，使农村的环境发生了很大的改变，以前农村还有很多的年轻人，如今年轻人大多都走进了各行各业的工作岗位，要么忙于创业与发展，要么忙于工作与生活，没有多余的精力来练习继承家乡的非遗项目。体育的非遗项目不是一蹴而就的，需要长年累月、夜以继日的苦练才会有所成就，而且相对没有什么回报。因此，能够积极参与的人也越来越少。

以往农村的空旷场地较大，是人们集体自由活动的场所，城市的规划导致场地紧张，健身路径的设置、其他健身器材的安排等，使大的空旷场地面积也相对减少，体育非物质文化遗产项目练习的场地相对紧缺。城市规划破坏了农村原有的生态环境，而农村是体育非物质文化遗产项目发展的主要阵地，由于赖以生存的环境遭到破坏，其保护与发展也受到了很大的冲击。

第八章　越地体育文化的现代发展

越地体育的传承与发展和中华传统文化的发展本质上具有同一性，其发展和我国历史发展相似，经过文化发展的三个阶段，既有中国传统体育文化传承与发展的共性，但同时也有自身的特征。历史的发展是螺旋式上升的一个过程，对于一个多民族、有十几亿人口的大国来说，其历史发展具有复杂性、多样性的特点。不同地区、不同民族都有不同的风俗与习惯，其历史的传承过程也具有多样性，越地有自身独特的地理和人文环境，越地人思想开放、胸襟开阔、豁达乐观、内敛含蓄，有吃苦耐劳、拼搏进取的体育文化精神，具有明显的传统特征和现代特征。

第一节　越地体育文化的现代特征

越地地理环境造就了其山水生态体育文化的发展，在结合自身优势的同时，紧随时代步伐，在夯实传统体育文化的同时，紧跟新时代体育文化的前沿，使传统体育文化与现代体育文化齐头并进，推动越地体育文化的全面发展，展示了越地体育文化发展的共性特征与时代特征。

一、越地体育文化的共性特征

（一）地域性特征

越地的地理环境和人文历史决定了其体育文化具有当地的特色。不同地区居住的民族有不同的风土人情，正所谓“十里不同风，百里不同俗”，这正是对地域性特征的概括。越地的山水较多，越地人因地制宜，发展出山水生态体育文化，凸显了浓郁的地域特色与文化内涵。

越地自古就有“七山二水一分田”之说，比较著名的山有温州市乐清的雁荡山，天台的天台山，湖州德清的莫干山、括苍山，临安的天目山，绍兴诸暨的东白山，绍兴新昌的天姥山、四明山，金华武义的牛头山，衢州江山的江郎山，舟山的普陀山，丽水市缙云县仙都的鼎湖峰等。俗话说：“靠山吃山，靠水吃水。”越地人把越地的山打造成旅游景点，如江山市“江郎山运动休闲基地”、松阳双童山的“山地生态运动休闲基地”、奉化大堰的“登山活动”“江郎山全国新年登高健身大会”等，旅游、登山、观景是人们假期出去放松散心的一种方式。把自然景观突出的山打造成健身旅游之地，既创造了经济价值，也发展了特色体育文化。越地不仅山多，水也多，有八大水系：钱塘江、瓯江、椒江、甬江、苕溪、运河、飞云江、鳌江，所以越地的水上娱乐项目丰富多彩，水上乐园有杭州“宋城浪浪浪水公园”、千岛湖“华联进贤湾水上乐园”、宁波“凤凰山海港乐园”、绍兴“东钱湖水上乐园”、绍兴“东方山水乐园”、横店“梦幻谷水世界”、丽水“冒险岛水世界”、安吉“欢乐风暴水上乐园”、温州“幸福谷乐园”等，其娱乐项目各具特色，如章鱼滑道、月亮坡滑道、冲浪、水屋翻斗乐、山坡滑梯、海螺滑梯、七彩雨廊飞天凤凰、大舟冲浪、自由落体等。不同的水上乐园还根据自身的特点设置有不同的主题，如丽水的冒险岛水世界是亚洲顶级水上乐园之一，它由失落密符区、斯嘉德部落区、奥丁城堡区、暴雪湾区 4 个主题区构成，用漂流贯穿了整个冒险岛，体现了中世纪欧洲维京驯龙的主题。越地人充分发挥想象力，打造水上休闲娱乐体育文化。借助浙江省生态运动会的号角，把航模、风筝、龙舟、桨板、桨板瑜伽、皮艇球以及迷你马拉松等项目开展得风生水起，把现代体育文化与自然生态环境融为一体，打造出山水绿色体育文化带。

除了与山水相关的休闲娱乐健身活动外，还根据地域特色培育出一些特色体育项目，如游泳、赛艇、皮划艇、帆船、帆板、桨板等，除了游泳项目外，还出现了许多其他水上项目的奥运冠军和世界冠军，如孟关良和队友获 2004 年雅典奥运会和 2008 年北京奥运会两届男子双人划艇 500 米冠军，邢松和队友获 2019 年皮划艇世界杯赛德国杜伊斯堡的第二站比赛双人划艇 500 米冠军。陈森森和队友获 2019 年奥地利赛艇世界锦标赛暨 2020 年东京奥运会资格轻量级冠军等。

（二）阶段性特征

中华民族有几千年的历史，原始社会是传统文化的孕育阶段，到了夏、商、周时期，传统文化有了雏形，尤其是春秋战国时期的百家争鸣，掀起了中国历史上的一次思想浪潮，到了明清时期，传统文化与西方文化在短暂的交流后逐渐没落，而后随着社会政治的改变、经济的崛起、科技的进步，传统文化与现代文化不断交融与磨合，相互推动并迅速发展起来。

体育文化作为传统文化的重要组成部分，其发展也具有阶段性。体育文化的传承与发展过程不是一直以螺旋式上升的形态出现的，其在不同的历史时期有发展的特性和阶段性。比如，在原始社会就出现的射箭，作为狩猎的一种方式，在秦汉时期成为士兵作战时的必备技能，但其在发展过程中，又作为一种礼仪出现了，后来在宴会上用投壶替代了射箭这种礼仪，而投壶是在汉代开始流行的，可以算是雏形阶段，晋、唐、宋时期是投壶活动迅速发展的阶段，在文人雅士、王孙贵族们聚会的宴会上，投壶作为一种表演娱乐活动，使原来的礼教色彩更趋于淡化。尤其是在宋代，不仅上层社会人们喜欢投壶，在平民百姓中也有很多投壶爱好者，使这项活动更加趋于大众化，礼教色彩更加淡化。明清时期投壶逐渐没落。在现代体育的冲击下，投壶运动并没有继续传承下来，逐渐消失在人们的生活中。究其原因，这和其产生的背景有很大的关系，如果人们还处在注重礼教的环境中，那这项活动的存在就理所当然，当礼教色彩逐渐淡化，而又有更为方便简洁的活动可以参与时，这种带有一定烦冗礼教色彩的活动就会被取代。

从射箭演化成的投壶逐渐走向没落，但射箭运动在冷兵器时代是无法替代的，在军队训练中一直备受推崇。春秋战国时期，在弓箭的基础上发明了更具杀伤力的弩。可以手持的弩充分考虑了机器的力量，对臂力没有要求，小巧灵活，射程远，且杀伤力强。不仅如此，在三国时期，诸葛亮还发明了诸葛连弩，可以一次发射 10 支箭，且杀伤力更强，但其较重，且对箭的要求较高，并没有大批量生产。随着热兵器的到来，各种枪支杀伤力更强，取代了战场上的冷兵器，弓箭也逐渐退出了战争的舞台，结束了它作战中的辉煌阶段。现在射箭活动作为竞技比赛项目和健身娱乐项目，还是有一定群众基础的，很多运动会在项目设置上还有射箭比赛，如青海省少数民族射箭比赛、全国少数民族运动会射箭比赛、山东省第二十三届运动会射箭比赛、重庆市第六届全民健身运动会射箭比赛、世界大学生运动会射箭比赛等。不仅如此，射箭还是奥运会的比赛项目，在 1896 年第一届雅典奥运会时就设有射箭比赛，后来被取消了，1972 年慕尼黑奥运会上又重新纳入射箭比赛。射箭虽然退出了冷兵器时代的军事舞台，但在体育舞台上仍然占有一席之地，我国许多少数民族都有射箭的习俗，如锡伯族、蒙古族、朝鲜族、苗族等。射弩作为射箭的延伸，在云南、贵州、海南、湖南、广西等的少数民族地区有悠久的历史，射弩在少数民族运动会上作为规定项目，比赛设有标准弩、传统弩，以及跪姿、站姿之分，还有个人和团体的比赛，可谓比赛的大项，很有看点。

不同的历史时期，体育发挥着不同的使命，战争年代，军事体育不仅是锻炼士兵体能的手段之一，也是士兵作战时的必备能力之一。和平年代，体育既可以作为部队练习体能的方式之一，也可以作为大众锻炼的手段，其中的竞技体育更成为国家向世界展示的一个舞台。文化发展具有阶段性，体育文化的发展同样具有阶段性，包括萌芽阶段、迅速发展阶段、低谷阶段和平稳发展阶段等，每个阶段的发展都具有历史性和不可复制性。

（三）传承性特征

体育项目的产生是与当时的政治、社会环境等息息相关的，政治导向对体育项目的发展起着至关重要的作用。

体育运动发展受统治阶级的影响比较大，如在唐代发展迅速并风靡一时的蹴鞠。蹴鞠在中国有悠久的历史，在汉代时是军事锻炼的一种手段，既锻炼了士兵的身体素质，又丰富了枯燥的军队生活，它将训练与游戏结合在一起，使士兵的速度、耐力、灵敏性与反应都得到了锻炼。唐代时期蹴鞠得到进一步发展，但与汉代发展不同的是，唐代蹴鞠在传承了历代动作与规则的同时，其受众进一步扩大了。唐代蹴鞠主要是以娱乐活动为主，很多皇帝都是蹴鞠爱好者，如唐太宗、唐高宗、唐玄宗等，就连武则天也是蹴鞠爱好者。唐代上至帝王贵胄，下至黎民百姓，对蹴鞠都喜爱有加，从杜甫的“十年蹴鞠将雏远，万里秋千习俗同”中可以看出蹴鞠在当时受各个阶层民众的喜爱。唐代蹴鞠的最大亮点是女子蹴鞠，唐代的政治开明，经济繁荣，民风开放，与秦汉时期礼教对妇女的约束相比，唐代女性地位提升了很多，妇女不仅可以在各种场合抛头露面，而且可以像男子一样参加室外活动。唐代蹴鞠的白打就是妇女蹴鞠的一种形式。

体育项目的传承与发展不仅是一种体育活动形式的传递，也是文化的传递，而且不同时代赋予了体育活动不同的生存方式与意义。体育文化的传承不是简单的完全接纳，而是在不断的自我改善、自我改造过程中完成的，而这个改造过程体现了时代特征，烙印着政治色彩，展示着体育魅力。体育文化传承既是对原有体育文化的继承，又是对其进行适当的改造，来满足当时社会发展的需要，同时，体育文化也有当时社会的政治、文化、经济、科学的烙印，见证了社会不断前进与更替的过程。体育文化传承除了物质文化传承外，还有非物质文化传承。

二、越地体育文化的时代性特征

（一）体育运动普及化

1952 年毛泽东同志就提出了“发展体育运动，增强人民体质”的口号。1995 年，国务院推出了第一个《全民健身计划纲要》，这是一项跨世纪的具有宏观战略意义的群众体育发展计划，它的提出大大地推动了群众体育运动的发展。该计划提出到 2010 年努力实现体育与国民经济、社会事业的协调发展，全面提高人们的体质与健康水平，基本建成具有中国特色的全民健身体系。2008 年北京奥运会的成功举办，更是极大地激发了全国人民群众的体育热情，增强了全社会的体育意识，为了纪念北京奥运会，2009 年，把“8 月 8 日”定为全民健身日。《全民健身计划纲要》在实施过程中得到了政府各部门的支持，同时社会力量也发挥了很大作用，如“亿万青少年儿童健身活动”“亿万职工健身活动”“亿万农民健身活动”“亿万妇女健身活动”“亿万老年人健身活动”等，通过政策的实施，大力推动了群众体育活动的普及与开展。2011 年，国务院推行了第二个《全民健身计划纲要》（2011—2015 年）；2014 年 10 月，国务院又印发了《关于加快发展体育产业促进体育消费的若干意见》，首次提出把全民健身事业从体育工作的一个环节逐步上升为国家战略。2016 年，国务院又印发了《全民健身计划纲要》（2016—2020 年）；2021 年，国务院印发《全民健身计划纲要》（2021—2025 年），全民健身计划与国家经济、文化发展同步，紧随时代步伐，不同时期提出了相应的要求和目标。

浙江省地处江南，属于经济较发达地区，在响应国家政策的同时，人们对健康的认识和理解都比较深入。根据省统计局的数据，2016—2020 年浙江省群众参与体育活动的数据如表 8–1 所示。

表 8–1　2016—2020 年浙江省群众参与体育活动的数据

指标 / 年限	2020 年	2019 年	2018 年	2017 年	2016 年
省级群众体育活动次（万）	428	612	515	516	564
市级群众体育活动次（万）	1511	2158	1975	1748	3747
县级群众体育活动次（万）	265	383	337	255	1182
县级国民体质监测测试达标人员数（万人）	12.1	15.1	32.2	27.1	17.8
县级国民体质监测测试达标（%）	93.8	93.4	92.9	92.2	92.7
政府命名群众体育场地数（个）	193218	183472	151251	143512	139009
体育场地面积（平方米）	14956.52	13703			
人均体育场地面积（平方米）	2.32	2.3			

各类赛事的举办对当地的体育发展影响也很大，如第六届中国大学生赛艇锦标赛、“超玥杯”2021 年中国国际象棋甲级联赛、“韵味杭州”2022 年全国空手道锦标赛、第十九届亚运会国家混合桥牌队选拔赛等。除了省级各类赛事外，全国性的各类比赛也经常落户浙江省，大型比赛带动了当地的经济、文化发展，特别

是体育文化和体育产业都掀起了热潮。不仅普及度较高的广场舞、气排球等活动在浙江省很火热，太极、健身走、放风筝、冬泳等也有一定的人气。总之，在经济发达的地区，人们的健身意识是比较强的，各类大众体育运动也非常普及。

（二）体育运动城市化

在2023年举行的杭州第十九届亚运会上，电子竞技和霹雳舞作为正式比赛项目亮相。在人们以往的认知中，电子竞技是和“打游戏”画上等号的。电子竞技能够进入亚运会是一个划时代的历史性时刻，具有深刻的意义。2018年雅加达亚运会上，电子竞技作为表演项目，当时我国选手获得了2金1银的好成绩。其中就有一位来自天台的选手谢涛。浙江省开展电子竞技较早，最早创办了电子竞技赛事，现在已经有7年了，每年举办的比赛，报名人数屡创新高。目前，省内拥有两支国内外知名的电竞俱乐部，即LGD和TYLOO电子竞技俱乐部。而高校内及社会上自发组织的电子竞技战队更是不胜枚举。电子竞技的项目涉及面较广，包括FPS类（第一人称射击类）、RTS类（即时战略类）、SPG类（传统体育类）、FTG类（格斗类）、CCG类（卡牌类）、MOBA类（多人在线战术竞技类）六大种类。

电子竞技项目的发展和当地的经济水平分不开，需要人才、资金、技术等的支持。首先，从设备来说，电子竞技的设备要求顶级配置，且更新很快，这就需要技术和资金支撑；其次是人才，要想提升自身的技术水平，需要高级人才指导，随着电子产品的产业化，高级电子人才大多集中在城市发展，这些条件聚集在一起，促进了电子竞技的快速发展。随着电子竞技的发展，产业链也日趋完善，电子竞技已然在不经意间成为丰富浙江省数字经济生态的重要组成部分，并成为拉动浙江省数字经济产业迈向纵深发展的新引擎之一。

电子竞技项目作为体育文化的一部分，有较高的科技含量，深受广大年轻人的喜爱，现在它不再是简单的“玩游戏”，而是一种智力的较量，其主要考验选手的耐力、观察能力、反应能力、操作能力等，而且还要有良好的心态，以及调整情绪的能力。电子竞技项目起点较高，随着电子产品和数字竞技的高速发展，其在城市中迅速发展，参与的人群主要以年轻人为主，目前电子竞技学校也在崛起，系统地培养电子竞技人才。浙江省大力推进电子竞技的发展，2018 年杭州市推出的扶持电子竞技产业的相关政策就有 16 项，杭州还在全国首创了电子竞技小镇，并配有专项资金 1 亿元，用于扶持电子竞技数娱产业的发展，而且还设立了一期 15 亿元规模的电子竞技产业发展基金。根据 2020 年发布的《中国电竞商业化研究报告》，2019 年我国的电子竞技市场规模已经超过了 1100 亿元，同比增长接近 20%，用户规模已经超过了 4 亿。通过数据我们可以看出，电子竞技在短短几年就已经发展成为具有一定规模的产业，其产业的高速发展同我国经济迅速发展是分不开的。据《中国电竞商业化研究报告》预测，电子竞技商业化的快速发展将进一步推动电子竞技整体市场规模的增长，我国的电子竞技市场有望成为全球最具商业价值的市场。

2020 年，国际奥委会执委会召开会议决定将霹雳舞、滑板、攀岩和冲浪纳入 2024 年巴黎奥运会，霹雳舞、滑板、攀岩和冲浪都是年轻人喜爱的项目。为此，巴黎奥运会将进一步提倡城市运动的概念，滑板、攀岩和霹雳舞都属于这一运动范畴。

霹雳舞是一种以个人风格为主的技巧性街舞舞种，也是北美街舞中最早的舞种。霹雳舞在发展过程中融入了很多不同项目的动作及艺术元素，不仅有体操、武术等动作，还有很多手撑地的快速脚步移动、倒立定格等，以及在地板上或者空中的高难度旋转等动作，是力量、技巧高度结合的运动，视觉冲击较大，难度较高。据浙江省健美（操）协会副主席、街舞专委会主任蒙长清介绍，街舞项目在浙江省有广泛的群众基础，2020 年 8 月浙江省举办了首届省青少年街舞冠军赛，报名参赛的选手达 1300 多名，而这个数字仅为浙江省注册的街舞运动员数量的 1/10。可见浙江省的年轻人对这个项目的追捧与热爱程度。

滑板作为东京奥运会的比赛项目之一，16 岁选手曾文蕙代表中国队参加了滑板女子街式比赛，并获得了第六名的好成绩，在 2018 年的雅加达亚运会上她就代表中国获得了滑板女子街式比赛第 4 名。滑板在 20 世纪 80 年代被引进中国，当时一个美国的滑手来中国学中文，滑板开始走入年轻人的视野。后来短短几年，国内的滑板公司和零售商开始如雨后春笋般出现，滑板价格也越来越平民化，而喜爱滑板的年轻人也开始拥有属于自己的滑板，滑板运动逐渐发展起来。2018 年

StreetForce 原力街头滑板公开赛在秦皇岛举行，喜爱这项运动的滑手们进行了热情的碰撞。被称为“中国滑板第一人”的车霖在 2005 年曼谷第一届亚洲室内运动会上代表中国拿到了滑板冠军。

滑板深受年轻人的喜爱，王飞作为浙江省滑板运动领军人物，属于最早一批玩滑板的人，目前也是省轮滑协会滑板项目的主任、省滑板集训队的教练。浙江省的滑板运动在 2013 年左右开始进入高速发展阶段，现在全省参与滑板运动的人有 10 多万，主要分布在初中至大学阶段。2019 年浙江省举办了首届滑板锦标赛，高水平参赛选手有近 80 位。我国滑板运动起步较晚，和欧美国家还有一定的差距，但目前来说，浙江省的滑板运动水平排在全国前列。作为国家级教练的王飞，一直在发掘和培养滑板运动的优秀选手，为浙江省的滑板运动积极努力着。

2019 年第一届世界城市运动会在匈牙利首都布达佩斯召开，国际奥委会主席巴赫说：“通过比赛来到布达佩斯市中心，首届世界城运会成为庆祝城市生活、城市年轻人和城市文化的重大节日。所有的运动员、体育迷和观众都能够有机会在布达佩斯欣赏到世界级的比赛。”他形容世界城运会与国际奥委会倡导的让体育运动更加“城市化和年轻化”的理念非常一致，并在《奥林匹克议程 2020》改革方案中提出要让运动“城市化、年轻化”。浙江省体育的发展与其发展理念不谋而合，全面推行浙江省体育文化的发展，凸显了运动的城市化发展模式。

（三）体育运动时代化

攀岩运动是从登山运动中派生出来的一项竞技体育运动项目，是一项攀爬者利用人类原始的攀爬本能，借助技术装备和同伴的保护，仅依靠自身手脚的力量来控制身体平衡，攀登一些主要由岩石构成的峭壁、裂缝、岩面、大圆石以及人工壁等心智型体育运动。2017 年全运会将攀岩正式纳入比赛项目，2018 年亚运会将攀岩正式纳入比赛项目，2021 年东京奥运会将攀岩正式纳入比赛项目。随着攀岩项目的发展，越来越多的人加入这项运动中。浙江省为了更好地推动攀岩运动的发展，2017 年在攀岩主义西溪馆举行攀岩队选拔赛，同年，飞拉达攀岩运动项目在全国第一家 5A 级景区内——神仙居飞拉达正式启动运营。飞拉达攀岩运动项目成为我国旅游业界“体育 + 旅游”的有益探索，为今后做大做强体旅开启了良好的开端。现在攀岩比赛已经屡见不鲜，有各种全国赛、锦标赛、省市级比赛等，还有根据年龄、性别不同举办的攀岩比赛等，如女子攀岩、青少年攀岩等。

冲浪项目也是受年轻人喜爱的运动项目之一，冲浪项目属于极限运动，对生活压力大的现代人来说，冲浪可以作为一种解压运动。冲浪项目受到场地、天气等条件制约，专业运动员的训练费用相对较高。钱塘江虽然有一年一度的国际冲浪对抗赛，但它和大海不同，比赛时需要摩托艇的牵引，虽然浙江省的海岸线较长，但浪相对较小，对冲浪运动来说不是很合适，因此，冲浪爱好者大多会选择去海南、东南亚甚至澳洲等地冲浪，消费自然就高。随着冲浪项目进入奥运会，必将推动浙江省冲浪项目的普及和推广。

越地体育一直紧跟时代步伐，人们接受新鲜事物很快，现在的攀岩、冲浪等奥运会项目很受年轻人的喜爱。例如，冲浪在最近一二十年发展迅速，其具有一定的惊险性、刺激性，也具有挑战性，人们利用海浪来完成各种惊险动作，大大刺激着人们挑战大自然的征服感。新兴体育项目的产生是时代发展的产物，随着社会经济、文化、科技发展到一定程度，人们的人生观和价值观也在慢慢地改变，在满足物质生活的情况下，会追求更高的精神生活。为了更好地满足自身的精神生活，有些人会积极主动地挖掘、改造或创造一些新鲜的运动，出现了一些大众性项目，如气排球、广场舞等，无论男女老少都可以参与其中，满足了广大民众的需求。还有些比较小众的项目，如滑板、轮滑等，具有一定的刺激性，很受年轻人的喜爱，尤其是学生们。

第二节　越地体育文化的发展模式

越地有富饶的资源，深厚的文化底蕴，越地人具有坚韧的性格和开创进取的精神。越地经济发达，人们对待自己健康的认识与理解也很深刻，在传承体育文化方面，有共性特征和个性的传承模式。越地的体育文化发展一直走在全国的前列，越地人也身体力行地践行着健康为主的理念，积极主动地参与体育锻炼活动中。基础传承模式与现代传承模式相结合，凸显了越地体育文化的光辉灿烂与特色辉煌。

一、时间与空间的交叉融合

越地有几千年的历史，蕴藏着丰富的传统文化，我国历史上的三次人口大迁徙对越地文化有很大的影响。第一次是秦始皇使越人外迁，第二次是魏晋南北朝时期大量人口迁徙到越地，第三次是宋室南迁。越地当地的风俗习惯比较朴实，且具有相当的个性，这和当地的自然环境有关。第一次人口迁徙，使中原文化与越地文化有了交集与碰撞。越人的崇尚勇武、精通剑道、善于用舟等文化习俗，对后期的内家拳思想、龙舟竞渡等都有一定的影响。第二次中原人进入越地，他们的儒雅之风对越人影响较大，越人尚武的习俗逐渐消失，那种轻死易发、好勇斗狠的习俗也基本不存在了，常见的图腾崇拜也渐渐消失，但淫祀之风依稀尚存。受中原文化、人口迁徙的影响，养生思想较为盛行，代表人物有嵇康、葛洪，著作有《养生论》《抱朴子养生论》等，而且休闲娱乐活动也较丰富，如登高、竞渡、放风筝、投壶、围棋等。第三次宋室南迁对越地的影响相对较大，随着南宋定都临安，大量人口涌入越地，进一步促进了南北体育文化的交流与融合。南宋吴自牧的《梦粱录》和北宋孟元老的《东京梦华录》，都记载了城市的风土人情，其中有很多内容涉及体育文化。

关于南宋的休闲体育活动，在《武林旧事》《西湖老人繁盛录》《都城纪胜》等著作中都有相关记载，如相扑、击丸、蹴鞠、踏索、秋千、上竿、弓弩、斗鸡等，有专门从事这些项目的艺人，说明当时这些项目的表演很受欢迎，有一定的传承历史。

浙江省作为经济发达的地区之一，举办过的国际大型赛事有 2018 年的第 14 届 FINA 世界游泳锦标赛（25 米）、2023 年第十九届亚洲运动会，通过举办体育赛事，向世界展示了浙江省的特色，以省会杭州的西湖、大运河、钱塘江三大最具标志性的水域文化与体育特色，展现浙江人兼容并蓄、蓬勃发展、继往开来、勇往直前的勇气与精神，向全世界展示出优秀的体育文化与体育精神。

二、基础与特色的结合

近代出现了以学校形式的体育教学，光绪二十三年（1897 年），当时任杭州知府的林启创办了“求是学院”，在课程设置上设有“体操科”，这也是越地在学校开设体操课的先例。现代学校体育工作越来越受国家的重视，随着《国家体育锻炼标准》《大学生体育合格标准》《学生体质健康标准》《全民健身计划纲要》等文件的实施，学校体育的教学内容也在不断更新与完善，教学方法也在不断改革与提升。随着国家对学生体质健康重视程度的加强，以及中考体育、高考体育政策的出台，各个学校在体育教学上都有新的创意与特色。2008 年浙江省教育厅体育局公布了首批体育特色学校，主要是以特色项目为抓手，全面开展体育特色项目，把体育特色项目打造成学校的名牌。目前浙江省教育厅体育局公布的省体育特色学校已经有四批，第一批 155 所，第二批 157 所，第三批 130 所，第四批 89 所，共 531 所省级体育特色学校，不仅涉及常见的田径、三大球、三小球、武术、健美操、跆拳道、游泳等项目，还涉及围棋、手球、水上运动、象棋、射击、拳击、摔跤、皮划艇、定向运动、举重等项目，也有传统体育项目（蹴鞠）等特色学校，如表 8–2 和表 8–3 所示。

表 8–2　浙江省体育特色学校第一批、第二批名单

批次	地区	学校数量（所）	体育特色项目	批次	地区	学校数量（所）	体育特色项目
第一批	杭州市	18	足球、篮球、排球、游泳、田径、羽毛球、乒乓球、跆拳道、拳击、摔跤、定向运动	第二批	杭州市	20	田径、足球、网球、自行车、篮球、排球、游泳、乒乓球、射击、武术
	宁波市	15	足球、篮球、排球、游泳、田径、乒乓球、射击		宁波市	20	田径、篮球、足球、围棋、游泳、跆拳道、武术、手球、乒乓球、水上运动、围棋、象棋、射击、拳击

续表

批次	地区	学校数量(所)	体育特色项目	批次	地区	学校数量(所)	体育特色项目
第一批	温州市	20	足球、篮球、排球、游泳、田径、健美操、定向运动、跆拳道、国际象棋、乒乓球、羽毛球	第二批	温州市	7	田径、篮球、排球、羽毛球
	绍兴市	15	篮球、田径、定向运动、国际象棋、乒乓球、皮划、赛艇、棋类、摔跤、跆拳道		绍兴市	16	田径、篮球、足球、排球、健美操、摔跤、乒乓球、羽毛球、武术、举重、跆拳道、围棋
	嘉兴市	11	足球、篮球、排球、田径、健美操、轮滑、乒乓球、羽毛球、网球		嘉兴市	14	田径、篮球、足球、羽毛球、围棋、网球
	湖州市	14	小足球、篮球、排球、游泳、定向运动、健美操、乒乓球、田径		湖州市	8	篮球、排球、羽毛球、乒乓球、国际象棋
	金华市	12	篮球、田径、网球、定向运动、乒乓球、健美操、棋类、游泳		金华市	19	田径、篮球、足球、排球、健美操、轮滑、乒乓球、羽毛球、中国象棋、围棋、游泳、网球
	衢州市	12	田径、定向运动、健美操、围棋、足球、游泳、乒乓球、举重		衢州市	17	田径、篮球、足球、排球、健美操、乒乓球、羽毛球、游泳、皮划艇、赛艇、围棋、民族体育(蹴鞠)
	丽水市	10	篮球、足球、田径、羽毛球、乒乓球、游泳、跆拳道		丽水市	5	田径、篮球、乒乓球、赛艇、举重
	台州市	11	足球、篮球、排球、田径、健美操、羽毛球、乒乓球、藤球、毽球、拳击、太极拳、棋类、围棋		台州市	18	田径、篮球、足球、排球、乒乓球、武术、武术(太极功夫扇)、围棋、中国象棋、国际象棋、女子足球、皮划艇、帆板帆船
	舟山市	12	排球、田径、沙滩排球、健美操、网球、篮球、乒乓球		舟山市	10	田径、篮球、排球、沙滩排球、乒乓球
	义乌市	3	排球、田径		义乌市	3	田径、篮球、排球

表 8–3 浙江省体育特色学校第三批、第四批名单

批次	地区	学校数量(所)	体育特色项目	批次	地区	学校数量(所)	体育特色项目
第三批	杭州市	14	田径、足球、篮球、排球、乒乓球、射击、短式网球、象棋、围棋	第四批	杭州市	9	足球、射击、棋类、健身运动圈、中国象棋
	宁波市	13	田径、足球、篮球、健美操、跆拳道、中国象棋、围棋、乒乓球、羽毛球、网球		宁波市	11	乒乓球、网球、篮球、自行车、田径、足球、射击、摔跤
	温州市	15	田径、篮球、乒乓球		温州市	9	田径、篮球、排球、自行车、乒乓球
	绍兴市	11	足球、篮球、田径、游泳、国际象棋、举重、抖空竹		绍兴市	8	田径、篮球、足球、排球、中国象棋、乒乓球
	嘉兴市	10	足球、篮球、田径、健美操、自行车、乒乓球、游泳、皮筏艇		嘉兴市	7	田径、篮球、足球、乒乓球、武术、跆拳道
	湖州市	18	田径、健美操、篮球、国际象棋、足球、篮球、排球、轮滑、乒乓球、中国象棋、摔跤、皮筏艇		湖州市	11	篮球、排球、羽毛球、乒乓球、足球、跳绳
	金华市	9	田径、健美操、国际象棋、武术、足球、网球、乒乓球、中国象棋、围棋、羽毛球		金华市	6	田径、篮球、排球、健美操、跳绳
	衢州市	15	田径、排球、健美操、围棋、门球、地掷球、乒乓球、举重、羽毛球、围棋、武术		衢州市	8	田径、健美操、足球、跆拳道、围棋、龙舟、排球
	丽水市	7	篮球、足球、田径、皮划艇、赛艇		丽水市	2	羽毛球、足球
	台州市	10	跆拳道、田径、皮划艇、板球、地掷球、抖空竹、跳绳、围棋		台州市	9	田径、篮球、排球、乒乓球、板球、射击
	舟山市	5	田径、沙滩排球、中国象棋、乒乓球		舟山市	5	田径、排球、乒乓球、围棋
	义乌市	3	排球、篮球		义乌市	3	乒乓球、羽毛球

通过体育特色项目的培育，使基础与特色体育结合，在学校体育文化的传承过程中，更加精准到位，这种体育文化的传承模式，在目标、定位、方向上都更加便捷，更加符合学校体育文化的传承特色。

三、改革与创新并举

2017 年中共中央办公厅、国务院办公厅印发的《国家“十三五”时期文化发展改革规划纲要》中指出：要坚守中华文化立场，坚持客观科学礼敬的态度，扬弃继承、转化创新，推动中华文化现代化，让中华优秀传统文化拥有更多的传承载体、传播渠道和传习人群，增强做中国人的骨气和底气。中华几千年来的优秀传统文化，从神话传说、故事、歌谣、谚语等民间文学到民间民俗传统体育文化，承载着厚重的历史积淀，散发着清新的泥土芳香，闪烁着朴素的哲理光辉，深刻影响着中国人的精神世界。随着经济的发展，科技的进步，中华传统文化面临着巨大的冲击，但丰富多彩的传统文化所具有的鲜明的民族性、地域性和群众性，是不可磨灭的。

越地的传统体育文化丰富多彩且具有其独特的色彩，纵观历史发展脉络，江南在经历过几次变迁后，一直处于经济与文化发展的前沿，浙江省的国民经济总产值一直位于全国前列，人均收入也名列前茅。浙江省委省政府相继出台的建设文化大省、文化强省的决定，更是取得了丰硕的成果，指引着全省文化大发展、大繁荣的前进方向，使大众的文化需求和文化创造活动更加多姿多彩。

体育文化与经济相结合是浙江体育文化发展的一大亮点，一直走在全国前列的浙江省打造出了体育休闲旅游新模式，如杭州市淳安千岛湖运动休闲之旅，除了其上榜的全国体育旅游精品路线外，还有 5 条运动休闲旅游精品线路（2020）：淳安白小线（自行车）—石林港湾（皮划艇）—富溪线（漂流）—石林景区（定向）、宁海县国家登山健身步道（登山）—浙东第一尖·雪山欢乐谷（滑雪）—胡陈户外运动小镇（攀岩）、苍南罗家山（无动力滑翔伞、登山）—雾城月亮湾沙滩（游泳、摩托艇）—渔寮（徒步）、诸暨马剑丛林探险（漂流）—秦皇古道（登山）—秦皇古道马场（马术）—大唐后山迷宫（露营）、嵊泗基湖（皮划艇）—高场湾（水上飞鱼）—五龙（骑行）。11 个运动休闲旅游示范基地（2020）：建德航空极限运动基地、淳安千岛湖啤酒小镇运动休闲基地、奉化徐凫岩户外运动基地、龙湾七彩运动休闲田园、德清郡安里户外运动休闲综合体、柯桥东方山水运动休闲基地、江山江郎山运动休闲基地、普陀国际游艇会景区、三门蛇蟠岛旅游区、缙云羊上航空飞行营地、松阳双童山山地生态运动休闲基地。不仅如此，还遴选出了 60 个浙江运动休闲旅游优秀项目（2020）：拱墅世纪星滑冰场（滑冰）、拱墅弹刻极限蹦床主题公园（蹦床）、萧山戴村（骑行）、萧山傲帆航海基地（帆船）、余杭野天堂小镇（全地形车越野）、临安龙门秘境（攀岩）、富阳桐洲岛亚联飞行营地（飞行体验）、富阳新桐乡（皮划艇）、淳安千岛乐蹦床主题乐园（蹦床）、淳安龙晨水搏乐园（户外拓展）、海曙半山伴水（绳索攀爬）、江北创达游乐园（卡丁车）、北仑万博鱼游艇俱乐部（帆船）、镇海艇酷户外（皮艇球）、奉化大堰（登山）、象山东旦时尚运动海滩（帆船）、瓯海瓯歌云顶草上世界（露营）、洞头临海悬崖栈道（徒步）、瑞安周垟上村（奇云大漂流）、雁荡筋竹涧体验园（峡谷拓展）、温州楠溪江航空飞行营地（航空运动）、文成天鹅堡滑雪场（室内滑雪）、吴兴驾云山（ATV 越野）、南浔水乡穿越（拓展训练）、德清上渚山奇幻谷（泵道骑行）、安吉云上草原（悬崖秋千）、安吉五峰山（山地车速降）、长兴城山沟（玻璃滑道）、海宁尖山（高尔夫）、海宁芳草青青房车营地（房车露营）、海盐南北湖（马术）、桐乡畅想园竞技塘（竞技垂钓）、桐乡乌镇国际露营地（直升机观光体验）、嘉善凯易路（马术）、嘉善大云云澜湾（真人 CS）、柯桥越地国际赛车场（赛车）、越城贡帝托斯卡纳城堡（马术）、嵊州覆卮山（滑草）、新昌万丰航空（航空运动）、上虞祝家庄（单车山地速降）、金华爱马仕庄园（马术）、义乌小六石（飞拉达）、永康龙山（休闲运动车越野）、武义大斗山飞行营地（动力三角翼）、武义赛车场（赛车）、武义寿仙谷（飞拉达）、磐安高二营地公园（高山星空露营）、柯城大荫山（飞越丛林）、衢江灰坪乡两头洞景区（户外攀岩）、龙游龙和国际垂钓中心（竞技垂钓）、江山江郎山飞行基地（三角翼）、江山如画卡丁车运动基地（卡丁车）、岱山秀山（滑泥）、临海安基山滑翔伞基地（滑翔伞）、温岭石塘海滨绿道（骑行）、仙居神仙居（攀越丛林）、青田乐园（室内滑雪）、龙泉屏南越野小镇（越野跑）、遂昌浙西川藏线（汽车越野）、松阳七沐山（滑草）。

从体育运动休闲旅游中，我们可以看出传统体育文化在现代生活中焕发出了新的生机与活力，这就是传统体育文化改革与创新的成功，不仅把体育休闲运动与旅游完美结合，在乡村旅游中也把体育非物质文化遗产项目融入其中，使传统体育文化发挥现代经济效益，在改革与创新中焕发新的生命力。

四、竞技体育与全民健身并驾齐驱

2003 年，浙江省政府提出“建设体育强省”；2021 年，浙江省政府办公厅发布《关于高水平建设现代化体育强省的实施意见》，到 2025 年，浙江省力争基本建成体育强省，到 2035 年，建成现代化体育强省。2021 年，浙江省发改委、省体育局联合印发《浙江体育改革发展“十四五”规划》，提出“十四五”时期，要实现群众体育、竞技体育、体育赛事、体育产业、体育文化以及体育整体智治工作“六个走在前列”。据浙江省统计局统计，2016—2020 年登记的等级运动员如表 8–4 所示，所获冠军如表 8–5 所示。

表 8–4　2016—2020 年登记的等级运动员

运动员等级 / 年份	2020	2019	2018	2017	2016
二级国家级健将（人）	2061	1887	1739	1272	3066
一级国家级健将（人）	957	716	792	712	489
国家级健将（人）	12	126	30	83	119
国际级健将（人）	2	10	6	7	10

表 8–5　2016—2020 年所获冠军

获奖项目及等级 / 年份	2020	2019	2018	2017	2016
举重奥运冠军					1
举重世界冠军		4	3	6	
举重亚洲冠军		4		3	3
举重全国冠军	2	14	27	59	33
奥运冠军					1
游泳世界冠军		3	22	3	1

续表

获奖项目及等级/年份	2020	2019	2018	2017	2016
游泳亚洲冠军			12		10
游泳全国冠军	13	90	49	118	88
田径亚洲冠军		3	2	1	4
田径全国冠军	23	36	40	39	21
棋类世界冠军	2	1	1	1	4
棋类亚洲冠军			1	1	2
棋类全国冠军	3	12	5	8	8
羽毛球世界冠军		2	15	1	4
羽毛球亚洲冠军		2	5	2	4
羽毛球全国冠军	7	18	10	7	1
射击世界冠军			12	1	
射击亚洲冠军		9	3	3	5
射击全国冠军	20	36	32	14	7
拳击全国冠军	7		2	2	3
体操世界冠军			2		
体操亚洲冠军			2	5	
体操全国冠军	9	59	42	29	29
皮划艇世界冠军		1			
皮划艇亚洲冠军			1	2	
皮划艇全国冠军	29	27	57	12	22
其他项目世界冠军		4	19	7	4
其他项目亚洲冠军		9	26	5	11
其他项目全国冠军	191	180	265	144	179

在 2021 年举行的东京奥运会上，浙江籍体育健儿获得 7 枚金牌、2 枚银牌和 2 枚铜牌的好成绩，创造了浙江籍运动员征战奥运会的历史最好成绩，在本届奥运会上金牌数位列各省（市、自治区）第一位，以实际行动体现了竞技体育的高质量和竞争力，在竞技体育方面展示了体育强省的实力，为基本实现体育强省打下了一定基础。

在《浙江体育改革发展“十四五”规划》中还提出：“十四五”期间，要打造城市社区“10分钟健身圈”，15个省级全民健身中心、250个体育公园、300个村级全民健身广场、1000个社区多功能运动场、3000个百姓健身房以及10 000千米环浙步道。此外，总建筑面积约21万平方米的省全民健身中心也将焕新亮相，打造成全国一流的全民健身综合体。在着手抓科技竞技体育的同时，大力推进群众体育、全民健身工作，举办的赛事也很多，如“绿道健走大赛”“黄金海岸跑山赛”“幸福荧光跑活动”“端午龙舟赛”“幼儿特色体育表演大赛”“老年运动会”“排舞广场舞比赛”，各地线上的“健身赛”“跨年健走”“新年健走”等，人们热衷的马拉松在浙江省的多个地区都有举办，如杭州（建德、千岛湖、横店）、温州、绍兴、衢州、丽水、嘉兴、舟山等，每次都吸引国内外上千的马拉松爱好者积极参与，除了马拉松，各种级别的气排球锦标赛、邀请赛、公开赛等也在浙江开展得如火如荼，各个地区基本都有各种命名的气排球俱乐部，月月都有气排球比赛。

在省委省政府的领导下，浙江省在竞技体育和群众体育方面积极投入、人力、物力，大力建设利于全民健身的基础设施，提供便于全民健身的场所，培养大量的健身指导员与裁判员，充分发挥基层健身群体的力量和带头作用，由点到面地全面铺开全民健身计划。

五、联合培育模式

浙江省在联合培养体育人才方面落到了实处。浙江省素有“江南水乡”之说，江、河、湖、海等较多，属于典型的亚热带季风气候，夏季高温多雨，冬季温和干燥，这样的气候环境使游泳项目很受欢迎，也是区域特色。据不完全统计，目前浙江省各市的游泳馆数目如下表8–6所示。

表8–6　浙江省各市的游泳馆统计

城市	游泳馆/池、基地（座）
杭州	34
嘉兴	137
宁波	176
温州	197

续表

城市	游泳馆/池、基地（座）
绍兴	109
台州	128
丽水	25
金华	110
衢州	32
湖州	78
舟山	25

从各地游泳场所的数量来看，人们对于游泳的需求还是比较大的，而且游泳是浙江省的传统体育项目之一。各地的游泳训练队都是常年进行训练的，而训练模式基本上是以体校训练为主，中小学、幼儿园体育训练队与少体校联合培养运动员，专业教练和学校训练相结合，以学校文化课为主。运动员从幼儿园就开始训练并参加比赛，从而锻炼技术，磨炼意志，增加临场比赛经验等，为成为优秀运动员打下良好的基础。目前，浙江省的游泳已经走在全国前列，经过游泳前辈们多年的努力钻研与奋斗，总结和凝练出一套科学、合理的训练方法，培养出许多奥运会冠军和世界冠军，这些泳坛的名人对推动浙江省体育文化的发展有积极的作用与意义。

送教入校也是联合培养的一种形式，游泳需要有游泳馆，而球类项目相对来说就方便很多。原国家男排主教练俞觉敏在2018年回到家乡绍兴后，积极为家乡的排球事业发展贡献力量。他带领由省级优秀退役运动员组成的教练团队与鲁迅小学（和畅堂校区）、绍兴第一初级中学（龙山校区）、阳明中学联合采用送教入校模式，形成小—初—高阶梯式训练形式，既有专业的教练团队抓好学生的训练，又不影响学生的正常学习，有文化知识作为底蕴，为今后技术的理解与提升打下良好的基础。经过两年科学系统的训练，他带领的队伍获得2020年浙江青少年女子排球锦标赛丙组冠军、2020年浙江青少年男子排球锦标赛丙组冠军、2021年浙江青少年女子排球锦标赛冠军、2021年浙江青少年男子排球锦标赛冠军、2021年浙江“体彩杯”女子排球冠军赛丙组冠军、2022年省青少年男子排球锦标赛（丙组）冠军和2022年省青少年女子排球锦标赛（乙组）冠军、（丙组）亚军的好成绩。这就是把体育名人的光与热发挥出最优效益的实例，也是体育文化传承与发展的现代模式，把学校—社会—名人联合起来，既是对体育项目的发展与提升，也是对体育文化的传递与弘扬。

六、数字化发展模式

浙江省发展改革委、体育局联合印发的《浙江体育改革发展“十四五”规划》中提出“实施数字体育赋能计划”。计划在2025年实现全省体育数字化的“三个一”服务，即全民健身服务“一张图”、建设数字体育训练“一体化”管理、体育赛事“一站式”服务应用。

目前，浙江省全面整合公共体育资料，把体育文化的相关资源融合在“浙里办”App上，设有体育公共服务专区、2.0版的全民健身地图、科学健身指导、社会体育组织和体质测定站点等，可以在线上查询到131家公共体育场馆，并开启了“掌上”导航、查询、预约、支付等功能，同时也可以查询、导航全省27万个体育场地、1015家百姓健身房。目前，相关部门对183 975个公共体育场地设施数据进行全方位的梳理，将156 569名社会体育指导员信息纳入全民健身公共服务系统，将体育运动员等级、裁判员等级等信息在“浙里办”进行了收集与整合，实行数字化管理。随着体育数据化模式的不断推进，与数字政府、数字社会综合应用共同发展，全面对接“浙里办”“浙政钉”，贯彻“掌上办”“一网办”的数字理念，成为数字体育示范省，走在全国前列，如表8–7和表8–8所示。

表8–7　2016—2020运动员及指导员情况

指标/年份	2020	2019	2018	2017	2016
等级运动员（人）	3032	2739	2567	2074	3684
社会体育指导（人）	25530		29652	18418	

表8–8　2016—2020群众体育活动情况

指标/年限	2020年	2019年	2018年	2017年	2016年
省级群众体育活动次数（万）	428	612	515	516	564
市级群众体育活动次数（万）	1511	2158	1975	1748	3747

续表

指标/年限	2020年	2019年	2018年	2017年	2016年
县级群众体育活动次数（万）	265	383	337	255	1182
县级国民体质监测测试达标人员数（万人）	12.1	15.1	32.2	27.1	17.8
县级国民体质监测测试达标率（%）	93.8	93.4	92.9	92.2	92.7

体育数字化发展是在大数据背景下，体育文化发展的一个必然趋势，随着数字化经济的高速发展，各行各业都在各自的领域中开拓创新，这是现代化经济、文化、娱乐休闲生活中的一部分，是经济、科技发展到一定程度的必然产物。浙江省在经济发展基础之上，推进“文化强省”“体育强省”目标，在数字化构想下，把数字化体育模式进行了生动实践，取得了丰硕的成果，这也是浙江省体育文化传承的一大特色。

参考文献

毕世明，1990. 中国古代体育史［M］. 北京：北京体育学院出版社.

李季芳，周西宽，徐永昌，1984. 中国古代体育史简编［M］. 北京：人民体育出版社.

曹守和，2014. 浙江体育史［M］. 杭州：杭州出版社.

黄伟，卢鹰，2004. 中国古代体育习俗［M］. 西安：陕西人民出版社.

刘秉果，1987. 中国古代体育史话［M］. 北京：文物出版社.

陈昌怡，谭华，1990. 古代体育寻踪［M］. 北京：人民体育出版社.

刘秉果，1987. 中国古代体育史话［M］. 北京：文物出版社.

任海，1996. 中国古代体育［M］. 北京：商务印书馆.

杨向东，2000. 中国古代体育文化史［M］. 天津：天津人民出版社.

谷世权，2002. 中国体育史［M］. 北京：北京体育大学出版社.

陈华文，等，2008. 浙江民俗史［M］. 杭州：杭州出版社.

吴平，袁康，1985. 越绝书［M］. 上海：上海古籍出版社.

孟文镛，2010. 越国史稿［M］. 北京：中国社会科学出版社.

寿永明，宋浩成，俞婉君，2010. 越地民俗文化论［M］. 北京：人民出版社

陈桥驿，1985. 浙江地理简志［M］. 杭州：浙江人民出版社.

仲富兰，何华湘，2010. 越地非物质文化遗产综论［M］. 北京：人民出版社.

陈桐生译注，2016. 国语［M］. 北京：中华书局.

崔冶译注，2019. 吴越春秋［M］. 北京：中华书局.

王若光，刘旻航，2013. “飞龙在天”：端午龙舟竞渡习俗考源［J］. 民俗研究，(06)：50–55.

(宋)周密，(明)朱廷焕著，谢永芳注评，2019. 武林旧事［M］. 郑州：中州古籍出版社.

(宋)吴自牧，1985. 梦粱录［M］. 北京：中华书局.

王莹译注，2018. 东京梦华录［M］. 北京：上海三联书店.

陈开俊，戴树英译，1981. 马可·波罗游记［M］. 福州：福建科学技术出版社.

凌懿文，2012. 浙江传统武术简史［M］. 北京：学苑出版社 .

孙武军，2007. 再论四明内家拳与松溪内家拳［J］. 精武，（6）：18–19.

蒋兴材，2007. 戚继光三十二势长拳与南兵拳［J］. 武当，（11）：28–29.

刘小明，2013. 论越地民俗体育［J］. 体育文化导刊（8）：113–115.

张如安，1988. 内家拳大师张松溪生平辨误［J］. 体育文史，6：28–30.

涂传飞，陈志丹，严伟，2007. 民间体育、传统体育 、民俗体育 / 民族体育的概念及其关系辨析［J］. 武汉体育学院学报，41（8）：24–31+51.

闻一多，1956. 闻一多全集选刊之一神话与诗，上海：上海古籍出版社：221.

吴自牧（宋），1980. 梦粱录［M］. 杭州：浙江人民出版社 .

四水潜夫，1981. 武林旧事［M］. 杭州：浙江人民出版社 .

宁波市体育志编纂委员会，2010. 宁波市体育志［M］. 宁波：宁波出版社 .

刘小明，2020. 我国毽球文化的传承与发展［M］. 北京：人民体育出版社 .

浙江省体育志编纂委员会，2003. 浙江省体育志［M］. 北京：方志出版社 .

张如安，1998. 中国象棋史［M］. 北京：团结出版社 .

邢金善，2018. 象棋史话［M］. 北京：社会科学文献出版社 .

刘秉国，赵明奇，2008. 中国古代足球［M］. 济南：齐鲁书社 .

岳长志，马国庆，2013. 中国蹴鞠［M］. 济南：山东友谊出版社 .

董亚丽，2014. 宋代“拔河戏”运动考述［J］. 兰台世界 .

《浙江通志》编纂委员会，2020. 浙江通志第八十卷 · 体育志［M］. 杭州：浙江人民出版社 .

倪士毅，1987. 浙江古代史［M］. 杭州：浙江人民出版社 .

滕复，徐吉军，徐建春，等，1992. 浙江文化史［M］. 杭州：浙江人民出版社 .